AF549421

Anthroposophie heute

Rudolf Steiner

ANTHROPOSOPHIE HEUTE

Band 1: «Eine Zusammenfassung nach 21 Jahren» (1924)

Der Wortlaut der in den *Rudolf Steiner Ausgaben* gedruckten Vorträge Rudolf Steiners geht auf die ursprünglichen Klartextnachschriften und Erstdrucke zurück, unter Berücksichtigung der danach erfolgten Veröffentlichungen.

Erste Auflage 2017

Herausgeber: Rudolf Steiner Ausgaben
(Monika Grimm, Bad Liebenzell)
Redaktion: Pietro Archiati, Bad Liebenzell
Korrektorat: Ute von Herrmann, Stuttgart
Druck: GGP Media GmbH, Pößneck

ISBN: 978-3-86772-052-6

Rudolf Steiner Ausgaben e. K.
Burghaldenweg 37 · D-75378 Bad Liebenzell
Telefon: (07052) 935284 · Telefax: (07052) 934809
anfrage@rudolfsteinerausgaben.com
www.rudolfsteinerausgaben.com

Inhalt

Neun Vorträge, gehalten in Dornach
vom 19. Januar bis 10. Februar 1924

3. Vortrag (27.1.1924)

Mond und Sonne, zwei Tore zum Geist

Karma der Vergangenheit, Freiheit der Zukunft

S. 55

- Von den Mondgeistern, die in alter Zeit auf der Erde lebten, stammt die Urweisheit der Menschheit – und damit alles Vergangene, das zum Karma geworden ist. Gegenwart und Zukunft hängen von den Sonnengeistern und von der Freiheit des Menschen ab *S. 55*
- Mit Menschen, die auf unseren Willen wirken (und von denen wir träumen), sind wir karmisch verbunden – nicht so mit Menschen, die nur auf Verstand und ästhetischen Sinn wirken (und von denen wir nicht träumen). Der Eingeweihte erlebt in sich wie selbstständige Menschen diejenigen, die mit ihm karmisch verbunden sind *S. 68*

4. Vortrag (1.2.1924)

Der Wasser- und der Luftmensch

Vom Ätherisch-Lebendigen zum Astralisch-Seelischen

S. 79

- Der Mensch gehört der Natur an, die im Tod seinen Körper zerstört, und er trägt in der Seele moralische Ideale, die mit jedem Schlaf erlöschen *S. 79*
- Das Denken kann immer stärker und lebendiger gemacht werden – bis zum Erleben eines zweiten Menschen mit einem «Ätherleib», der als ein Flüssigkeitsmensch wie ein Weltbürger in der kosmisch-ätherischen Umgebung der Erde lebt *S. 88*
- Beim Herstellen eines leeren, aber wachen Bewusstseins wird die geistige Welt durch den «Astralleib» erlebt, der mit der Atmung wie ein Musikinstrument wirkt *S. 101*

5. Vortrag (2.2.1924)

Die Liebe als Erkenntniskraft

Der Wärmemensch und das Ich

S. 109

- Das Ätherisch-Lebendige strebt in allem Wässrigen vom Menschen weg (Auftrieb), das Astralisch-Geistige kommt durch die Atmung vom Kosmos in den Menschen herein (Weltsphärenmusik). Der Ätherleib ist ein Zeitorganismus, der sich bis zur Geburt erstreckt, der Astralleib ist ein Geistesorganismus, der im Vorgeburtlichen lebt *S. 109*
- Die Liebe, das Einswerden mit einem anderen Wesen, wird durch den «Erkenntnisschmerz» zu einer Erkenntniskraft. Das erste «fremde» Wesen, mit dem der Mensch durch den Wärmeorganismus erkennend eins wird, ist das eigene Ich aus dem vorigen Leben *S. 139*

6. Vortrag (3.2.1924)

Zu einem neuen Zeitbegriff

Erlebnisse im Schlaf außerhalb des Körpers

S. 151

- Durch Inspiration erlebt der Mensch im Schlaf außerhalb des Körpers die ausgeatmete Luft als die eigene Innerlichkeit, die in das Weltall aussprüht – von Weltgedanken erhellt. Der Mensch erkennt in den Wärmeprozessen des Blutgeschehens das Wirken des Willens des eigenen Ich aus dem vorigen Leben *S. 151*
- «Der Zeitbegriff muss ein ganz anderer werden». Die Erinnerung ist ein gegenwärtiges Wahrnehmen aus dem Inneren, aus dem Meer des Erlebten. Nach dem Tod wird der reiche Inhalt der Erinnerung – die Welt verwandelt durch unser Ich! – in den Kosmos hinaus zerstrahlt *S. 162*

7. Vortrag (8.2.1924)

Zwei Arten von Träumen

Wie Traumbilder zu Imaginationen werden

S. 173

- Es gibt zwei Arten von Träumen: Entweder werden die äußeren Erlebnisse stark verändert, oder die inneren Organe werden in Sinnbildern ausgedrückt. In der ersten Art wirkt das Ich: Ein starker Willensmensch ändert die Erlebnisse sehr, ein schwacher ändert sie kaum *S. 173*
- In der Imagination erlebt der Mensch kosmische Bilder seiner Körperorgane – ähnlich wie im Traum der zweiten Art, nur sind die Traumbilder im Vergleich zu den Imaginationen stümperhaft. Aber das Bild des Traumes ist der Keim des Imaginationbildes *S. 183*

8. Vortrag (9.2.1924)

Das Leben, ein Schuldigwerden

Die Sehnsucht nach dem karmischen Ausgleich

S. 195

- Der Imaginierende nimmt den Traum ernst, als Keim des Menschen des nächsten Lebens. Die inneren Organe des Menschen erscheinen ihm als etwas Verwelkendes. Die Erinnerungen sieht er in einem mächtigen Zeitpanorama bis zurück zur Geburt *S. 195*
- In der Imagination wird deutlich: Jedes Erlebnis erzeugt in der geistigen Welt ein objektiv-geistiges Gegenstück. «Wir erleben im Leben nur die Hälfte von dem, was wir vollbringen». Der Mensch bleibt das ganze Leben wie verstümmelt – in der Schuld, auch die andere Hälfte zu erleben, was nur nach dem Tod möglich wird *S. 205*

Erster Vortrag

Mensch und Welt, verwandt und fremd

Das Rätsel des Todes und der Seele

Dornach, 19. Januar 1924

Meine lieben Freunde! Wenn ich jetzt versuchen werde, eine Art von Einführung in die Anthroposophie selbst zu geben, so soll das so geschehen, dass damit zugleich eine Art von Anleitung für die Art gegeben ist, wie man vor der Welt Anthroposophie heute vertreten kann.[1]

---

1 Aber ich will einige einleitende Worte der Sache noch vorausschicken. Es wird gewöhnlich nicht genügend berücksichtigt, dass das Geistige ein Lebendiges ist und dass das, was lebt, auch im vollen Leben erfasst werden muss. Wir dürfen nicht, indem wir uns in der Anthroposophischen Gesellschaft als Träger der anthroposophischen Bewegung fühlen, wir dürfen nicht die Dinge aus dem Auge verlieren, die ich gestern besprochen habe. Wir dürfen nicht die Voraussetzung machen, dass die anthroposophische Bewegung jeden Tag neu beginnt. Sie ist mehr als zwei Jahrzehnte da, und die Welt hat Stellung zu ihr genommen.

Daher muss bei jeder Art, sich im anthroposophischen Sinne zur Welt zu verhalten, dieses Gefühl stehen, dass man es mit etwas zu tun hat, wozu die Welt Stellung genommen hat. Es muss im Hintergrund dieses Gefühl stehen. Hat man dieses Gefühl nicht und denkt, man vertritt Anthroposophie im absoluten Sinne, wie man es vor zwei Jahrzehnten hätte machen können, dann wird man immer weiter darin fortfahren, diese Anthroposophie in ein schiefes Licht vor die Welt zu bringen.

Das ist gerade genug geschehen, und es soll auf der einen Seite dem ein Ende gemacht werden. Auf der anderen Seite soll durch unsere Weihnachtstagung ein Anfang gemacht werden. Die darf nicht ohne Auswirkung bleiben, wie ich schon gestern nach den verschiedensten Richtungen hin angedeutet habe.

Wer über Anthroposophie sprechen will, der muss voraussetzen, dass das, was er sagen will, nichts anderes ist als das, was das Herz seines Zuhörers durch sich selbst sagt. In aller Welt ist niemals durch irgendeine Initiations- oder Einweihungswissenschaft etwas anderes beabsichtigt gewesen, als das auszusprechen, was die Herzen derjenigen durch sich selbst sagen, die den Betreffenden hören wollen. Sodass der Grundton anthroposophischer Darstellung im allereminentesten Sinne der sein muss: auf das aufzutreffen, was das tiefste Herzensbedürfnis der Menschen ist, die Anthroposophie nötig haben.

Wenn man heute auf jene Menschen hinschaut, die über die Oberfläche des Lebens hinauskommen, so sieht man, dass alte, durch die Zeiten gehende Empfindungen der Menschenseele sich erneuert haben. Man sieht, dass die Menschen heute in ihrem Unterbewusstsein schwere Fragen haben, Fragen, die nicht einmal in klare Gedanken gebracht werden, geschweige denn, dass sie durch das, was in der zivilisierten Welt vorhanden ist, eine Antwort finden. Aber vorhanden sind diese Fragen. Und sie sind bei einer großen

---

Es kann nicht jedem Mitglied der Anthroposophischen Gesellschaft zugemutet werden, sich neue Impulse zu geben, wenn ihm das seiner Seelenverfassung nach nicht gegeben ist. Jeder hat das Recht, weiterhin ein teilnahmsvolles Mitglied zu sein, das die Dinge aufnimmt, das sich damit begnügt, die Dinge aufzunehmen. Wer aber an der Vertretung der Anthroposophie vor der Welt in irgendeiner Form teilnehmen will, der kann nicht an dem vorübergehen, was ich gestern auseinandergesetzt habe. In dieser Beziehung muss in die Zukunft hinein nicht nur in Worten, sondern auch im Tun die vollste Wahrheit herrschen.

Meine lieben Freunde! Ich werde noch öfter solche einleitenden Worte sprechen. Jetzt wollen wir damit beginnen, eine Art von Einführung in die anthroposophische Weltanschauung zu geben.

Anzahl von Menschen tief vorhanden, sie sind bei allen denkenden Menschen der Gegenwart vorhanden.

Wenn man aber diese Fragen in Worte fasst, so scheint es, als ob sie weit hergeholt wären, und sie sind doch sehr nahe. Sie sind in unmittelbarer Nähe der Seele der denkenden Menschen.

Zwei Fragen kann man aus dem ganzen Umfang der Rätsel stellen, die heute den Menschen bedrücken. Die eine Frage ergibt sich für die Menschenseele dann, wenn diese Seele auf das eigene Dasein und auf die Weltumgebung schaut. Die Menschenseele sieht den Menschen durch die Geburt in das irdische Dasein hereinkommen. Sie sieht das Leben verlaufen zwischen der Geburt und dem Tod. Sie sieht dieses Leben mit den mannigfaltigsten inneren und äußeren Erlebnissen verlaufen. Und diese Menschenseele erlebt auch die Natur draußen, die Fülle der Eindrücke, die da an den Menschen herankommen und die nach und nach seine Seele erfüllen.

Da steht diese Menschenseele im Menschenleib und sieht vor allen Dingen eines. Die Natur enthält all das, was die Seele vom physischen Erddasein sieht. Wenn der Mensch durch die Pforte des Todes geht, dann nimmt die Natur in ihren Kräften durch irgendein Element – feuerbestattet oder erdbestattet zu werden, ist kein so großer Unterschied –, es nimmt die Natur durch irgendein Element auch den menschlichen physischen Leib in sich auf. Aber was tut sie mit diesem physischen Leib? Sie vernichtet ihn.

Die Menschenseele schaut gewöhnlich nicht nach, welche Wege die einzelnen Substanzen dieses physischen

Menschenleibes nehmen. Aber wenn man Betrachtungen an den Stätten anstellt, wo eine eigentümliche Art von Bestattung ist, dann vertieft sich dieses eindrucksvolle Nachsehen dessen, was die Natur mit all dem unternimmt, was am Menschen physisch-sinnlich ist, wenn der Mensch durch die Pforte des Todes gegangen ist.

Es gibt unterirdische Gewölbe, da sind menschliche Leichname aufbewahrt, abgeschlossen, aber an der Luft aufbewahrt. Sie vertrocknen. Und was hat man nach einiger Zeit? Man hat nach einiger Zeit an diesen Skeletten die verzerrte menschliche Gestalt, bestehend aus in sich zerstäubten kohlensaurem Kalk. Und wenn man nur ein wenig diese kohlensaure Kalkmasse, die in Verzerrung die menschliche Gestalt nachahmt, wenn man sie nur ein wenig rüttelt, diese menschliche Gestalt, die als kohlensaurer Kalk da noch vorhanden ist, dann zerfällt sie in Staub.

Das gibt einen tiefen Einblick in das, was die Seele überkommt, wenn sie nachsieht, was mit dem Körper geschieht, durch den all das verrichtet wird, was vom Menschen zwischen Geburt und Tod verrichtet wird.

Der Mensch sieht dann auf die Natur hin, die ihm seine Erkenntnis liefert, aus der er das schöpft, was er Erkenntnis nennt. Der Mensch sieht dann auf die Natur hin und sagt sich: Diese Natur, die aus ihrem Schoß die wunderbarsten Kristallisationen hervorsprießen lässt, die jeden Frühling aus sich die sprießenden, sprossenden Pflanzen hervorzaubert, diese Natur, die die berindeten Bäume jahrzehntelang erhält, die die Erde mit den Tierreichen der mannigfaltigsten Art anfüllt, von den größten Tieren bis zu den winzigsten

Bazillen, die das in die Wolken hinaufschickt, was sie als Wasser in sich trägt und auf die das herunterstrahlt, was unbekannt von den Sternen herunterströmt – diese Natur, sie verhält sich zu dem, was der Mensch zwischen Geburt und Tod an sich trägt, so, dass sie es nach dem Tod bis in die vollständigste Verstäubung vernichtet. Für den Menschen ist die Natur, die Natur mit all ihren Kräften, die Vernichterin.

Wir stehen vor der menschlichen Gestalt: Diese menschliche Gestalt, die wir mit all dem Wunderbaren im Auge haben, das sie in sich trägt – und sie trägt Wunderbares in sich, denn sie ist vollkommener als alle anderen Gestalten, die auf der Erde auffindbar sind –, diese menschliche Gestalt steht auf der einen Seite da. Und auf der anderen Seite steht die Natur da mit ihren Steinen, mit ihren Pflanzen, mit ihren Tieren, mit ihren Wolken, Flüssen und Bergen, mit all dem, was aus dem Sternenmeer herabstrahlt, was von der Sonne auf die Erde herunterströmt an Licht und Wärme: Diese Natur duldet nicht unter ihren eigenen Kräften die menschliche Gestalt. Das, was als Mensch dasteht, wird zerstäubt, wenn es der Natur übergeben wird.

Das sieht der Mensch. Er bildet sich vielleicht keine Ideen darüber, aber in seinem Gemüt sitzt es tief. Jedes Mal, wenn er vor dem Anblick des Todes steht, setzt sich das tief in sein Gemüt hinein. Denn nicht aus einem bloß egoistischen Gefühl heraus, nicht aus einer bloß oberflächlichen Hoffnung, nach dem Tod fortzuleben, formt sich tief im Gemüt unterbewusst eine Frage, die unendlich bedeutungsvoll in der Seele sitzt, die Glück und Unglück der Seele bedeutet, auch wenn sie nicht formuliert wird. All das, was für das Bewusstsein schicksalsmäßig beim Menschen auf der Erde Glück und Unglück bedeutet, es ist ein Geringfügiges gegenüber dem, was an Unsicherheit des Fühlens aus dem Anblick des Todes empfunden wird.

Denn da wird die Frage empfunden: Woher kommt diese menschliche Gestalt?

Der Mensch sagt sich: Ich sehe hin zu dem wunderbar geformten Kristall, ich sehe hin zu den Gestalten der Pflanzen, ich sehe hin zu den Gestalten der Tiere, ich sehe hin, wie die Flüsse über die Erde rollen, ich sehe die Berge, ich sehe all das, was aus den Wolken spricht, was von den Sternen herunterleuchtet. Ich sehe das alles, aber von alldem kann die menschliche Gestalt nicht kommen, so sagt sich der Mensch, denn all das hat in sich nur Vernichtungskräfte, nur Zerstäubungskräfte für die menschliche Gestalt.

Und da entsteht die bange Frage vor dem menschlichen Gemüt, vor dem menschlichen Herzen: Wo ist die Welt, aus der die menschliche Gestalt kommt? Wo ist sie, diese Welt? Aus dem Anblick des Todes geht die bange Frage hervor: Wo ist die Welt, diese andere Welt, aus der die menschliche Gestalt kommt?

Sagen wir nicht, meine lieben Freunde, dass wir diese Frage noch nicht in dieser Weise formuliert gehört haben. Wenn wir auf das hinhören, was die Menschen aus ihrem Kopf heraus der Sprache anvertrauen, hören wir nicht diese Frage formuliert. Wenn wir vor die Menschen hintreten und die Menschen die Klagen ihres Herzens vorbringen, bringen sie manchmal die Klagen ihres Herzens vor, indem sie irgendeine Kleinigkeit des Lebens erfassen und über diese Kleinigkeit des Lebens allerlei Betrachtungen anstellen, die sie als Nuance in ihre Schicksalsfrage einfügen. Wer aber die Sprache des Herzens versteht, der hört das Herz aus dem Unbewussten heraus fragen: Welches ist die andere Welt, aus der die menschliche Gestalt kommt, da doch der Mensch mit seiner Gestalt nicht dieser Welt angehört?

Und so stellt sich vor den Menschen die Welt hin, die er erblickt, die er anschaut, die er wahrnimmt, die Welt, über die er seine Wissenschaft formt, die ihm die Unterlage für die Schöpfungen seiner Kunst gibt, die ihm die Gründe für seine religiöse Verehrung gibt, so stellt sich diese Welt vor ihn hin – und der Mensch steht auf der Erde und hat in den Tiefen seines Gemüts das Gefühl: Dieser Welt gehöre ich nicht an. Es muss eine andere Welt geben, die mich aus ihrem Schoß in meiner Gestalt hervorgezaubert hat. Welcher Welt gehöre ich an?

So tönt es aus dem Herzen des Menschen der Gegenwart. Das ist eine umfassende Frage. Und wenn die Menschen unbefriedigt sind von dem, was ihnen die heutige Wissenschaft gibt, so ist es aus dem Grund, weil sie diese Frage in den Tiefen ihres Gemütes stellen und die Wissenschaft weit davon entfernt ist, diese Frage auch nur zu berühren, die Frage: Welches ist die Welt, der der Mensch angehört?, denn die sichtbare Welt ist es nicht.

Meine lieben Freunde! Das, was ich eben gesagt habe, habe nicht ich gesprochen. Ich habe nur dem Worte verliehen, was die Herzen sprechen. Und darum handelt es sich. Nicht darum kann es sich handeln, an die Menschen irgendetwas heranzutragen, was den Menschenseelen unbekannt ist – das kann nur Sensation geben –, sondern nur darum kann es sich handeln, das in Worte zu bringen, was die Menschenseelen durch sich selbst sprechen. Was der Mensch von sich selbst sieht, was er von seinen Mitmenschen sieht, soweit es sichtbar ist – die Gestalt –, gehört nicht der sichtbaren Welt an. Kein Finger – so muss sich der Mensch sagen –, den ich an mir habe, gehört dieser sichtbaren Welt an, denn diese Welt des Sichtbaren trägt für jeden Finger bloß die Vernichtungskräfte in sich.

So steht der Mensch vor einem großen Unbekannten. Aber er steht vor diesem Unbekannten, indem er sich selbst als Angehörigen dieses Unbekannten sehen muss. Das heißt aber mit anderen Worten: In Bezug auf all das, was der Mensch nicht ist, ist es um ihn herum hell; in dem Augenblick, wo der Mensch auf sich selbst zurücksieht, verdunkelt sich die Welt, sie wird finster. Der Mensch tappt im Finsteren, indem er das Rätsel seines eigenen Wesens in der Finsternis trägt.

So ist es, wenn der Mensch sich von außen ansieht, wenn er sich als ein äußeres Wesen drinstehen sieht in der Natur. Er kann als Mensch an diese Welt nicht heran. Und wieder nicht der Kopf, sondern die Tiefen des Unbewussten formulieren eine weitere Frage, die eine Unterfrage dieser allgemeinen Frage ist, die wir eben erörtert haben.

Indem der Mensch seinen physischen Körper betrachtet, der sein Werkzeug zwischen Geburt und Tod ist, da weiß er: Ohne diese physische Welt kann ich dieses Dasein zwischen Geburt und Tod gar nicht leben, denn ich muss in diesem

Dasein fortwährend bei der sichtbaren Welt eine Anleihe machen. Jeder Bissen, den ich in den Mund nehme, jeder Trunk Wasser, ist aus dieser Welt der Sichtbarkeit, der ich gar nicht angehöre. Ich kann ohne sie im physischen Dasein nicht leben.

Habe ich einen Bissen zu mir genommen aus einer Substanz, die dieser sichtbaren Welt angehört, und gehe ich unmittelbar, nachdem ich diesen Bissen zu mir genommen habe, durch die Pforte des Todes, in dem Augenblick gehört das, was der Bissen in mir ist, den Vernichtungskräften dieser sichtbaren Welt an. Dass er in mir selbst nicht den Vernichtungskräften angehört, davor muss ihn mein Wesen, mein eigenes Wesen bewahren. Aber nirgends draußen in der sichtbaren Welt ist dieses eigene Wesen zu finden.

Was tue ich durch mein eigenes Wesen mit dem Bissen, was tue ich mit dem Trunk Wasser, den ich in den Mund nehme? Wer bin ich, der ich die Substanzen der Natur empfange und umwandle? Wer bin ich? Das ist die zweite Frage, die als Unterfrage aus der ersten Frage entsteht.

Nicht nur sehe ich in der Finsternis, indem ich mich in ein Verhältnis zu der Welt der Sichtbarkeit setze – ich handle in der Finsternis, ohne zu wissen, wer handelt, ohne zu wissen, was das Wesen ist, das ich als mein Ich bezeichne. Ich bin ganz an die sichtbare Welt hingegeben, aber ich gehöre ihr nicht an.

Das hebt den Menschen aus der sichtbaren Welt heraus. Das lässt ihn sich selbst als Angehörigen einer ganz anderen Welt erscheinen. Und die bange Frage, die Rätselfrage steht wieder da: Wo ist die Welt, der ich angehöre? Je mehr die menschliche Zivilisation vorgeschritten ist, je intensiver die Menschen denken gelernt haben, desto mehr ist diese Frage eine Rätselfrage geworden. Sie sitzt heute in den Tiefen der Gemüter.

Die Menschen teilen sich, insofern sie der zivilisierten Welt angehören, in zwei Klassen in Bezug auf diese Frage. Die einen drängen sie hinunter, würgen sie hinunter, bringen sie sich nicht zur Klarheit, aber sie leiden darunter als unter einer furchtbaren Sehnsucht, dieses Menschenrätsel zu lösen. Die anderen betäuben sich gegenüber dieser Frage, sie reden sich allerlei Dinge aus dem äußeren Dasein ein, um sich zu betäuben. Und indem sie sich betäuben, tilgen sie in sich selbst das feste Gefühl des eigenen Seins aus. Ein Nichtigkeitsgefühl befällt ihre Seele. Dieses Gefühl der Nichtigkeit sitzt heute im Unterbewussten unzähliger Menschen.

Das ist die Frage, die eine Unterfrage der erwähnten großen Frage ist. Die große Frage entsteht, wenn der Mensch sich von außen ansieht und als Mensch sein Verhältnis zur Welt zwischen Geburt und Tod auch nur ganz gedämpft, unterbewusst wahrnimmt. Die Unterfrage entsteht, wenn der Mensch in sein eigenes Inneres sieht. Da ist der andere Pol des menschlichen Daseins. Da drinnen sitzen die Gedanken, die die äußere Natur abbilden.

Der Mensch stellt durch seine Gedanken die äußere Natur vor, er entwickelt Empfindungen, Gefühle über die äußere Welt, er wirkt durch seinen Willen auf die äußere Welt ein. Er sieht zurück auf sein eigenes Inneres: Ein Wogen von Denken, Fühlen und Wollen sieht er in seiner Seele. Damit steht er mit seiner Seele in der Gegenwart. Dazu kommen die Erinnerungen an gehabte Erlebnisse, die Erinnerungen an Dinge, die er in früheren Zeiten des gegenwärtigen Erddaseins gesehen hat. Das alles füllt seine Seele aus. Was ist es?

Der Mensch bildet sich keine klaren Ideen über das, was er da in sich bewahrt, aber das Unterbewusste bildet solche Ideen.

Eine einzige Migräne, die die Gedanken verscheucht, macht sogleich das Innere des Menschen zu einer Rätselfrage. Jeder Schlafzustand macht es zu einer Rätselfrage, wenn der Mensch regungslos daliegt und ihm die Möglichkeit fehlt, sich durch seine Sinne in Korrespondenz mit der Außenwelt zu setzen. Der Mensch fühlt, dass sein physischer Leib rege sein muss, wenn Gedanken, Gefühle und Willensimpulse in seiner Seele auftreten.

Der Stein, den ich gerade betrachte, hat diese oder jene Kristallgestalt. Ich wende mich von ihm ab, nach einiger Zeit wende ich mich ihm wieder zu: Er ist so geblieben, wie er war. Mein Gedanke aber steigt auf, stellt sich als Bild in der Seele dar, und glimmt wieder hinunter. Er wird als unendlich viel wertvoller empfunden als die Muskeln, als die Knochen, die der Mensch in sich trägt, aber er ist etwas Vorüberfliegendes, er ist ein bloßes Bild. Er ist weniger als ein Bild, das ich an der Wand hängen habe, denn das Bild, das ich an der Wand hängen habe, bleibt bestehen, bis es in seiner Substanz zerfällt. Der Gedanke aber fliegt vorüber, der Gedanke ist ein Bild, das fortwährend entsteht und vergeht, es ist ein fluktuierendes, ein kommendes und gehendes Bild, ein Bild, das in seinem Bilddasein sein Genügen hat.

Wenn der Mensch in das Innere seiner Seele hineinblickt, hat er nichts anderes als Vorstellungsbilder. Er kann nicht anders als sagen: Mein Seelisches besteht aus reinen Vorstellungsbildern.

Noch einmal blicke ich auf den Stein hin. Er ist da draußen im Raum, er bleibt bestehen. Ich stelle ihn jetzt vor, ich stelle ihn wieder in einer Stunde vor, ich stelle ihn in zwei Stunden vor. Der Gedanke verschwindet dazwischen immer wieder, er muss immer erneuert werden. Der Stein bleibt. Was trägt den Stein von Stunde zu Stunde? Was lässt den Gedanken verschwinden? Was erhält und bewahrt den Stein von Stunde zu Stunde? Was vernichtet den Gedanken immer wieder, sodass er immer neu an dem äußeren Anblick angefacht werden muss? Was ist das, was den Stein erhält?

Man sagt: Der Stein «ist», das Sein kommt ihm zu, dem Gedanken kommt das Sein nicht zu. Der Gedanke kann die Farbe des Steins erfassen, kann die Form des Steins erfassen, aber er kann nicht das erfassen, wodurch der Stein sich bewahrt. Das bleibt draußen. Nur das bloße Bild tritt in die Seele hinein. Und so ist es mit allen Dingen der äußeren Natur in ihrem Verhältnis zur Menschenseele.

Der Mensch blickt hin auf die Menschenseele als auf sein eigenes Inneres. Die ganze Natur spiegelt sich in der Menschenseele, aber die Seele hat nur fluktuierende Bilder, die die Oberfläche der Dinge abheben. Diese Bilder dringen nicht in das Innere der Dinge hinein. Ich gehe mit meinen Vorstellungen durch die Welt: Ich hebe überall von den Dingen die Oberfläche ab, aber das, was die Dinge sind, bleibt für mich draußen. Ich trage meine Seele durch diese Welt, die mich umgibt, aber diese Welt bleibt draußen. Und das, was drinnen ist, an das kommt die Außenwelt mit ihrem Sein nicht heran.

Der Mensch steht im Anblick des Todes vor der Welt, die ihn umgibt, so da, dass er sich sagt: Dieser Welt gehöre ich nicht an, denn ich kann an diese Welt nicht herandringen, mein Wesen gehört einer anderen Welt an. Ich kann an diese Welt nicht herandringen, solange ich im physischen Leib lebe. Und kommt mein Leib nach meinem Tod an diese äußere Welt heran, so kann er auch nicht in sie eindringen, denn jeder Schritt, den er da macht, ist Vernichtung für ihn.

Da draußen ist die Welt. Dringt der Mensch in sie hinein, so vernichtet sie ihn, sie duldet ihn nicht in sich mit seiner Wesenheit. Will aber die äußere Welt in die Menschenseele hinein, so kann sie das auch nicht. Die Gedanken sind nur Bilder, die außerhalb des Wesens, außerhalb des Seins der Dinge stehen. Das Sein der Steine, das Sein der Pflanzen, das Sein der Tiere, das Sein der Sterne, der Wolken, es kommt in die Menschenseele nicht herein. Eine Welt umgibt den Menschen, die nicht in seine Seele herein kann, die draußen bleibt.

Auf der einen Seite bleibt der Mensch außerhalb der Natur – das wird ihm klar im Anblick des Todes; auf der anderen Seite bleibt die Natur außerhalb seiner Seele – der Mensch blickt sie als etwas Äußeres an. Es muss in ihm die bange Frage nach einer anderen Welt aufsteigen. Der Mensch blickt auf das, was ihm am intimsten, am vertrautesten ist in seinem eigenen Inneren. Er blickt hin auf jeden Gedanken, auf jede Vorstellung, auf jede Empfindung, auf jedes Gefühl, auf jeden Willensimpuls: An nichts von dem dringt die Natur heran, in der er lebt. Er hat sie nicht.

Da ist die scharfe Grenze zwischen dem Menschen und der Natur. Der Mensch kann nicht an die Natur heran, ohne dass er vernichtet wird; die Natur kann nicht in das Innere des Menschen hinein, ohne dass sie zum Schein wird. Der Mensch hat, indem er sich selbst in die Natur hineindenkt, die Vernichtung, die er sich nur vorstellen kann. Der Mensch hat, indem er in sich hineinblickt und fragt: Wie steht die Natur zu meiner Seele?, er hat nichts anderes in seiner Seele, als den wesenlosen Schein von der Natur.

Aber der Mensch hat, indem er den Schein von Mineralien, Pflanzen, Tieren, Sternen, Sonnen, Wolken, Bergen und Flüssen in sich trägt und in seiner Erinnerung den Schein von all den Erlebnissen in sich trägt, die er mit den Reichen der äußeren Natur gemacht hat, der Mensch hat, indem er das alles als sein flutendes Inneres erlebt, aufsteigend aus diesem Fluten sein eigenes Selbstgefühl.

Und wie ist es, wie erlebt der Mensch dieses Selbstgefühl? Er erlebt es in der folgenden Weise – das können wir durch ein Bild ausdrücken.

Wir schauen hin auf ein weites Meer. Die Wogen gehen auf und ab: da eine Woge, dort eine Woge, überall Wogen, die vom sich aufbäumenden Wasser herrühren. Da wird der Blick durch eine besondere Woge gefesselt, denn diese eine besondere Woge zeigt, dass in ihr etwas lebt, was nicht bloß aufgepeitschtes Meer ist. Aber das Wasser umhüllt dieses

Lebende von allen Seiten. Wir wissen nur, dass etwas lebt in dieser Woge, aber wir sehen auch in dieser Woge nichts anderes als das dieses Lebende umhüllende Wasser. Diese Woge sieht aus wie die anderen Wogen, nur an der Stärke ihres Aufspringens, an der Kraft, mit der sie sich hinstellt, haben wir das Gefühl, es lebt etwas Besonderes in ihr. Sie geht dann wieder hinunter, diese Woge. An einer anderen Stelle erscheint sie wieder, das Wasser der Woge verdeckt wieder das, was sie innerlich belebt.

So ist es mit dem Seelenleben des Menschen. Da wogen auf Vorstellungen und Gedanken, da wogen auf Gefühle, da wogen auf Willensimpulse. Überall sind Wogen. In einer der Wogen taucht ein Gedanke auf, ein Willensentschluss, ein Gefühl. Das Ich ist da drinnen, aber die Gedanken, die Gefühle und die Willensimpulse verdecken dieses Lebendige wie das Wasser das Lebendige der Wasserwoge. Sie verdecken das, was als Ich drinsteckt.

Und der Mensch weiß nicht, was er selbst ist. Denn all das, was sich ihm an der Stelle zeigt, von der er nur weiß, da wogt mein Ich herauf, da wogt mein eigenes Sein herauf, all das, was sich ihm dort zeigt, ist nur ein Schein. Der Schein verdeckt in der Seele das Sein. Das Sein ist da, der Mensch fühlt es, er erlebt es innerlich – aber der Schein deckt es ihm zu, wie das Wasser der Wasserwoge das Lebendige zudeckt, das aus den Tiefen des Meeres heraufkommt, das man nicht kennt. Der Mensch fühlt sein wahres Wesen verhüllt durch die Scheingebilde seiner eigenen Seele.

Und es ist, als ob der Mensch sich fortwährend an sein Sein klammern wollte, als ob er es irgendwo erfassen wollte.

Er weiß, es ist da, aber in dem Augenblick, wo er es erfassen will, entschlüpft es ihm, es eilt von ihm fort. Der Mensch ist nicht imstande, das, von dem er weiß, dass er es ist – sein seiendes Wesen –, in dem Gewoge seiner Seele zu erfassen. Und wenn der Mensch darauf kommt, dass dieses wogende Scheinleben der Seele etwas mit jener anderen Welt zu tun hat, die in ihm in der Vorstellung auftritt, wenn er in die Natur hinausschaut, dann tritt erst recht ein furchtbares Rätsel auf.

Das Naturrätsel ist wenigstens ein solches, das im Erleben vorhanden ist. Das Rätsel der eigenen Seele ist nicht im Erleben vorhanden, weil es selbst lebt, weil es ein lebendes Rätsel ist, weil es auf die fortdauernde Frage des Menschen: Was bin ich?, vor ihn das hinstellt, was ein bloßer Schein ist. Indem der Mensch in das eigene Innere blickt, wird er gewahr, dass dieses Innere ihm fortwährend die Antwort gibt: Ich zeige dir von dir selbst nur den Schein. Schreibst du dir ein Sein zu, so zeige ich dir in deinem Seelenleben von diesem Sein nur einen Schein.

Und so treten prüfende Fragen von zwei Seiten an die Menschenseele heute heran. Die eine Frage, sie entsteht dadurch, dass der Mensch gewahr wird (s. Tafel S. 113):

> Es gibt eine Natur, aber der Mensch kann an diese Natur nur heran, indem er sich von ihr vernichten lässt.

Die andere Frage entsteht dadurch, dass der Mensch gewahr wird:

Es gibt eine Menschenseele, aber die Natur kann an diese Menschenseele nur heran, indem sie zum Scheingebilde wird.

Diese beiden Erkenntnisrätsel leben in dem Unterbewusstsein des heutigen Menschen.

Und da wendet sich der Mensch an das, was auch da lebt, aus alten Zeiten in unsere Gegenwart herein übertragen. Da steht die unbekannte Natur, die des Menschen Vernichterin ist, da steht das Scheingebilde der Menschenseele, an das diese Natur nicht herangebracht werden kann, obwohl der Mensch sein physisches Dasein nur mit einer Anleihe an diese Natur fristen kann. Da steht der Mensch in einer doppelten Finsternis. Und die Frage taucht wieder auf: Wo ist die Welt, der ich angehöre?

Die geschichtliche Tradition steigt auf: Da gab es einmal eine Wissenschaft, die von dieser uns unbekannten Welt sprach. Der Mensch wendet sich zurück in alte Zeiten. Er bekommt große Ehrfurcht vor dem, was alte Zeiten von dieser anderen Welt, die überall in der Natur liegt, wissenschaftlich erkunden konnten. Wenn der Mensch die Natur nur richtig zu behandeln wusste, enthüllte sich vor dem menschlichen Blick diese andere Welt. Aber das neuere Bewusstsein hat diese alte Wissenschaft fallen gelassen. Sie gilt nicht mehr. Sie ist überliefert, aber sie gilt nicht mehr. Der Mensch kann heute nicht mehr das Vertrauen haben, dass ihm das, was die Menschen in einer alten Zeit wissenschaftlich über die Welt erkundet haben, auf die bange Frage Antwort gibt, die aus diesen zwei unterbewussten Tatsachen sprießt.

Da tut sich ein Zweites vor dem Menschen kund: die Kunst. Aber in der Kunst zeigt sich wiederum eines. In der Kunst zeigt sich, wie aus alten Zeiten eine Kunstbehandlung als Durchgeistigung des physischen Stoffes heraufkommt. Der Mensch kann durch die Tradition manches von dem empfinden, was an alter künstlerischer Durchgeistigung des Stoffes erhalten geblieben ist. Aber gerade, wenn in seinem Unterbewussten eine echte Künstlernatur sitzt, fühlt er sich heute unbefriedigt, weil er das nicht mehr handhaben kann, was selbst noch Raphael in die menschliche irdische Gestalt hineingezaubert hat als den Abglanz einer anderen Welt, der der Mensch mit seinem Sein angehört. Wo ist denn heute der Künstler, der die physisch-irdische Substanz in einer solchen Weise stilvoll zu behandeln weiß, dass diese physisch-irdische Substanz den Abglanz jener anderen Welt zeigt, der der Mensch angehört!

Es bleibt als Drittes aus alten Zeiten traditionell erhalten die Religion. Diese weist die menschliche Empfindung, das menschliche Frommsein auf jene andere Welt hin.

Einst ist die Religion dadurch entstanden, dass der Mensch die Offenbarungen der Natur, die ihm heute fern steht, empfangen hat. Wenn wir den Blick, den geistigen Blick um Jahrtausende zurückwenden, dann treffen wir auf Menschen, die auch gefühlt haben: Es gibt eine Natur, aber der Mensch kann an diese Natur nur heran, indem er sich von ihr vernichten lässt. Auch vor Jahrtausenden haben die Menschen das in den Tiefen ihrer Seele empfunden. Aber sie blickten hin – noch bei den Ägyptern war das so – auf den Leichnam, der in die äußere Natur wie in eine Art

Weltmoloch hineingeht, der als Leichnam vernichtet wird, sie blickten auf den Leichnam hin, aber sie sahen: In dasselbe Tor, hinter dem der menschliche Leichnam vernichtet wird, geht auch die menschliche Seele.

Niemals hätten die Ägypter ihre Mumien gebildet, wenn nicht der Mensch in alten Zeiten der Seele nachschauend gesehen hätte: Durch dasselbe Tor, durch das der Leichnam hindurchgeht, hinter dem der Leichnam vernichtet wird, durch dasselbe Tor geht die Seele. Aber die Seele geht weiter.

Diese Menschen der alten Zeiten fühlten, wie die Seele größer und größer wird und in den Kosmos aufgeht. Und dann sahen sie das, was in die Erde hinein verschwunden ist, in die Elemente hinein verschwunden ist, sie sahen es wieder aus den Weltweiten, aus den Sternen zurückkommen. Sie sahen im Tod die Menschenseele verschwinden hinter das Tor des Todes; dann sahen sie hinter dem Tor des Todes diese Menschenseele auf dem Weg zur anderen Welt – und sie sahen sie wieder aus den Sternen zurückkommen.

Daraus war die alte Religion eine Weltoffenbarung: eine Weltoffenbarung aus der Stunde des Todes, eine Weltoffenbarung aus der Stunde der Geburt. Die Worte haben sich erhalten, der Glaube hat sich erhalten – aber das, was der Glaube enthält, hat es heute noch einen Bezug zur Welt?

Es ist in einer weltfremden religiösen Literatur, in einer weltfremden religiösen Tradition erhalten. Es steht fern der Welt selbst. Keine Beziehung mehr kann der Mensch der gegenwärtigen Zivilisation zwischen dem sehen, was ihm religiös überliefert ist, und dem, was jetzt seine bange Frage ist. Denn er schaut in die Natur hinaus, er sieht, indem er auf den Tod hinschaut, nur den physischen Leib durch das Tor des Todes gehen und jenseits des Todes der Vernichtung anheimfallen. Dann sieht er durch die Geburt die physische Gestalt wieder hereinkommen. Und er muss sich fragen: Woher kommt sie? Überall, wohin ich schaue, sehe ich nicht, woher sie kommt!

Aus den Sternen sieht er sie nicht mehr kommen, wie er nicht mehr den Blick dafür hat, sie jenseits der Pforte des Todes zu schauen. Religion ist zum inhaltlosen Wort geworden.

Der Mensch hat um sich herum in der heutigen Zivilisation das, was alte Zeiten als Wissenschaft, Kunst und Religion besessen haben. Aber die Wissenschaft der Alten ist fallen gelassen worden. Die Kunst der Alten wird nicht mehr in ihrer Innerlichkeit empfunden, und was uns als ihr Ersatz entgegentritt, ist etwas, was der Mensch nicht aus der physischen Substanz bis zum Erstrahlen des Geistigen in dem physischen Stoff heraufheben kann. Geblieben ist aus alten Zeiten nur die Religion. Aber diese Religion knüpft heute nirgends an die Welt an. Trotz der Religion bleibt die Welt im Verhältnis zum Menschen ein Rätsel.

Dann blickt der Mensch in sein Inneres hinein. Er hört die Stimme des Gewissens sprechen. In alten Zeiten war die Stimme des Gewissens die Stimme jenes Gottes, der die Seele in die Regionen führte, in denen der Leichnam vernichtet wird, der die Seele dorthin führte und ihr die Gestalt für das irdische Leben wieder gab. Derselbe Gott war es, der in der Seele als die Stimme des Gewissens sprach. Jetzt ist auch die

Stimme des Gewissens äußerlich geworden. Die Moralgesetze führen nicht mehr zurück auf göttliche Impulse.

Der Mensch blickt auf das Historische, er blickt auf das, was ihm aus alten Zeiten geblieben ist und er kann nur die Ahnung haben: Die beiden großen Daseinsfragen haben die Alten in anderer Weise empfunden, als du sie heute empfindest. Daher haben sie sich eine Antwort geben können. Du kannst dir nicht mehr eine Antwort geben. Die Rätsel schweben vor dir, vernichtend für dich, weil sie dir nach dem Tod nur deine Vernichtung, weil sie deiner Seele im Leben nur den Schein zeigen.

So steht der Mensch heute vor der Welt. Und aus dieser Empfindung heraus, meine lieben Freunde, entstehen jene Fragen, die Anthroposophie beantworten will. Die Herzen sprechen aus diesen beiden Empfindungen heraus. Die Herzen fragen: Wo ist die Welterkenntnis, die diesen Empfindungen gerecht wird?

Diese Welterkenntnis möchte Anthroposophie sein. Sie möchte so über Welt und Mensch sprechen, dass wieder etwas da ist, was verstanden werden kann mit dem modernen Bewusstsein, wie verstanden worden ist die alte Wissenschaft, die alte Kunst und die alte Religion mit dem alten Bewusstsein. Die Anthroposophie hat durch die Stimme des menschlichen Herzens selbst ihre Aufgabe. Sie ist nichts anderes als die Sehnsucht des Menschen der Gegenwart. Sie wird leben müssen, weil sie die Sehnsucht des Menschen der Gegenwart ist.

Das, meine lieben Freunde, will Anthroposophie sein. Sie entspricht dem, was der Mensch am heißesten für sein äußeres und für sein inneres Dasein ersehnt. Die Frage entsteht: Kann es heute eine solche Weltanschauung geben? Die Anthroposophie hat der Welt diese Antwort zu geben. Die Anthroposophie muss den Weg finden, die Herzen der Menschen aus ihren tiefsten Sehnsuchten heraus sprechen zu lassen. Dann werden diese menschlichen Herzen auch die tiefste Sehnsucht nach den Antworten empfinden.[2]

---

2 Davon wollen wir dann morgen weiterreden. Um 5 Uhr wird eine eurythmische Vorstellung sein, um 8 Uhr dann ein weiterer Vortrag.

Zweiter Vortrag

Evolution der Erde im Menschen

Stufen des meditativen Bewusstseins

Dornach, 20. Januar 1924

Meine lieben Freunde!

Gestern haben wir darauf hingewiesen, wie nach zwei Seiten hin der Mensch sich betrachten kann, und wie von diesen zwei Seiten das Welt- und das Menschenrätsel an den Menschen herantritt.

Wenn wir noch einmal auf das hinblicken, was sich uns gestern ergeben hat, so sehen wir auf der einen Seite das, was auf dieselbe Weise wie die äußere physische Welt wahrgenommen wird: Wir sehen den menschlichen physischen Leib. Wir nennen ihn deshalb den physischen Leib, weil er für unsere physischen Sinne so vor uns dasteht wie die äußere physische Welt. Aber wir müssen zugleich des gewaltigen Unterschieds gerade dieses physischen Menschenleibes von der äußeren physischen Welt gedenken.

Wir haben diesen gewaltigen Unterschied gestern daran wahrzunehmen gehabt, dass in dem Augenblick, wo der Mensch durch die Pforte des Todes tritt und den physischen Leib den Elementen der physischen Welt übergeben muss, dass in diesem Augenblick dieser physische Leib von der äußeren Natur vernichtet wird. Die äußere Natur hat also nicht in ihren Aufbaukräften, sondern in ihren

Zerstörungskräften das, womit sie den menschlichen physischen Leib behandelt. Wir müssen daher das, was dem physischen Leib des Menschen von der Geburt oder von der Empfängnis bis zum Tod seine Gestalt gibt, ganz außerhalb der physischen Welt suchen. Wir müssen von einer anderen Welt sprechen, die diesen physischen Menschenleib aufbaut, denn die äußere physische Natur kann ihn nicht aufbauen, sie kann ihn nur vernichten.

Aber auf der anderen Seite sind zwei Dinge da, die diesen physischen Menschenleib in ein ganz nahes Verhältnis zur Natur bringen.

Auf der einen Seite bedarf dieser physische Menschenleib der Substanzen der äußeren Natur für seinen Aufbau, als seiner Baumaterialien – obwohl das im uneigentlichen Sinne gesprochen ist, wenigstens können wir sagen: Der Mensch bedarf der Aufnahme der Substanzen der äußeren Natur. Und wenn wir das betrachten, was dieser physische Leib nach außen offenbart, sei es in den Ausscheidungen, die sich fortwährend ergeben, sei es, dass der ganze physische Leib des Menschen uns mit dem Tod als Leichnam entgegentritt, so sind es wieder die Substanzen der äußeren physischen Welt. Wie wir auch diesen physischen Leib betrachten, seien es die einzelnen Ausscheidungen, sei es die Ausscheidung des ganzen physischen Leibes mit dem Tod, er stellt sich uns als dieselben Substanzen offenbarend dar, die wir auch in der äußeren physischen Welt finden. Sodass wir sagen müssen: Anfang und Ende der inneren Prozesse, der inneren Vorgänge, sind verwandt der äußeren physischen Welt.

Aber, meine lieben Freunde, die materialistische Wissenschaft zieht aus der eben erwähnten Tatsache einen Schluss, der ganz und gar nicht gezogen werden kann. Wenn wir auf der einen Seite sehen, dass der Mensch durch Essen und Trinken, oder durch Atmen, die Substanzen der äußeren physischen Welt in sich aufnimmt, dass er durch Ausatmen, durch Ausscheiden oder im Tod diese Substanzen wieder an die physische Welt als solche Substanzen abgibt, die mit den Substanzen der äußeren Welt übereinstimmen, so können wir nur sagen, dass wir es da mit einem Anfang und mit einem Ende zu tun haben. Was dazwischen im menschlichen physischen Leib vor sich geht, das ist damit nicht ausgemacht.

Man spricht so leichten Herzens von dem Blut, das der Mensch in sich trägt. Aber hat jemals ein Mensch dieses Blut im lebenden menschlichen Organismus selbst untersucht? Das kann man mit physischen Mitteln gar nicht tun, sodass nicht ohne Weiteres der Schluss gezogen werden darf: Was in den Körper hineingeht und was wieder aus ihm herausgeht, das ist auch im menschlichen Organismus drinnen dasselbe.

Schon wenn die Aufnahme von äußeren physischen Substanzen in den Mund beginnt, sehen wir, dass sogleich eine Verwandlung eintritt. Wir brauchen nur ein Körnchen Salz in den Mund zu nehmen – sofort muss es aufgelöst werden. Es tritt sofort eine Verwandlung ein. Der menschliche physische Leib in seinem Inneren ist nicht der äußeren Natur gleich. Er verwandelt das, was er aufnimmt, und er verwandelt es dann wieder zurück. Sodass wir im menschlichen

Organismus etwas zu suchen haben, meine lieben Freunde, was in seinem Anfang, bei der Aufnahme der physischen Substanzen, ähnlich ist der äußeren Natur, und was bei seiner Ausgabe ähnlich ist der äußeren Natur. Dazwischen aber liegt im Menschenwesen das, was erst erkannt werden muss.

Stellen wir uns das, was wir gerade gesagt haben, schematisch vor. Wir haben das, was der menschliche physische Organismus aufnimmt, was aufgenommen wird, und wir haben das, was er ausgibt, auch das, was er als seinen ganzen Leib ausgibt (s. Tafel S. 114, oben links: «aufg.» [aufgenommen], «ausg.» [ausgegeben]). Dazwischen – zwischen der Aufnahme und der Ausgabe – liegen die Vorgänge, die im menschlichen Organismus vor sich gehen.

Wir können gar nicht bei dem, was der menschliche Organismus aufnimmt, irgendetwas über das Verhältnis des Menschen zur äußeren Natur sagen. Wenn es so ist, dass die äußere Natur den Leichnam des Menschen vernichtet, ihn auflöst und zerstäubt, so zahlt das der Mensch der Natur in Bezug auf seinen eigenen Organismus wiederum zurück. Auch er löst alles auf, was er von der äußeren Natur empfängt. Wenn wir bei den Organen beginnen, durch die der Mensch Physisches aufnimmt, kommen wir zu keinem Verhältnis zur äußeren Natur, denn sie vernichten die äußere Natur.

Wir kommen nur dann zu einem Verhältnis des Menschen zur äußeren Natur, wenn wir auf das hinschauen, was der Mensch ausscheidet. In Bezug auf die Gestalt, die der Mensch ins physische Leben hereinträgt, ist die Natur die

Zerstörerin; in Bezug auf das, was der Mensch ausscheidet, nimmt sie das in sich auf, was der menschliche Organismus liefert. Sodass der menschliche Organismus an seinem Ende sich selbst ganz ungleich, aber der äußeren Natur ganz ähnlich wird. Er macht sich der äußeren Natur erst ähnlich, indem er ausscheidet.

Wenn wir dies bedenken, dann werden wir uns sagen: Draußen in der Natur sind die Substanzen der verschiedenen Naturreiche. Sie sind heute so, wie sie geworden sind, aber sie sind nicht immer so gewesen. Selbst die äußere Wissenschaft gibt zu, dass, wenn man im Zeitverlauf zurückgeht und zu früheren Zuständen des Irdischen kommt, diese ganz anders waren als heute. Was uns draußen in den Reichen der Natur umgibt, das ist erst im Laufe der Zeit zu dem geworden, was es heute ist.

Und wenn wir auf den menschlichen physischen Leib hinsehen, so müssen wir uns sagen: Der menschliche physische Leib vernichtet, was er aufnimmt, er verwandelt es – wir werden darauf zurückkommen, dass er es in Wirklichkeit vernichtet, aber sagen wir zunächst, er verwandelt es. Er muss es zu einem Zustand bringen, aus dem heraus er es dann bis zu der heutigen physischen Natur zurückführen kann.

Das heißt: Wenn wir uns auf der einen Seite im menschlichen Organismus einen Anfang denken, wo die Substanzen beginnen, sich bis zu den Ausscheidungen hin zu entwickeln, und dann uns die Erde denken (s. Tafelzeichnung S. 114, Mitte, größerer Kreis: «Erde»), so müssen wir bei der Erde zu einem Zustand zurückgehen, in dem sie war und in dem heute das Innere des menschlichen physischen Organismus ist (kleiner Kreis zwischen den zwei Vierecken).

Wir müssen uns sagen: Es muss die ganze Erde irgendwann in der Vergangenheit in einem Zustand gewesen sein, in dem heute die Substanzen im Inneren des Menschen sind. In der kurzen Spanne Zeit, in der sich im menschlichen Organismus ein in ihm organisch Verwobenes in die Ausscheidungen verwandelt, in dieser kurzen Zeit wiederholen die inneren Vorgänge des menschlichen Organismus das, was im Laufe langer Zeiträume von der Erde selbst vollzogen worden ist.

Wir schauen auf die äußere Natur und sagen uns: Was heute äußere Natur ist, das war einmal ganz anders. Aber wenn wir auf den Zustand schauen wollen, in dem diese äußere Natur einmal war, wenn wir etwas Ähnliches finden wollen, dann müssen wir in unseren eigenen Organismus hineinschauen. Da ist noch der Erdanfang drinnen. Jedes Mal, wenn wir essen, kommen die Essmaterialien im Inneren des Körpers durch die Verwandlung, die sie da durchmachen, in einen Zustand, in dem die ganze Erde einmal war.

Die Erde hat sich im Laufe langer Zeiträume weiterentwickelt und ist das geworden, was sie heute ist. In dem, was im Menschen vorhanden ist als Zustand seiner verzehrten Nahrungsmittel, die sich bis zu den Ausscheidungen weiterentwickeln, in dieser Entwicklung eines kurzen Zeitraums liegt, kurz wiederholt, der ganze Erdprozess.

Wir können auf den Punkt im Himmel blicken, in dem jährlich die Sonne im Frühling aufgeht. Dieser Punkt verschiebt sich, er schreitet vorwärts. In älteren Zeiten, im ägyptischen Zeitraum war der Frühlingspunkt im Sternbild des Stieres. Er ist fortgeschritten durch das Sternbild des Stieres, dann des Widders und steht heute im Sternbild der Fische. Dieser Frühlingspunkt läuft immer weiter. Er läuft in einem Kreis herum, und muss nach einiger Zeit wieder zurückkommen. Der Aufgangspunkt der Sonne durchläuft einen Himmelskreis in 25920 Jahren.

Die Sonne läuft in demselben Kreis jeden Tag. Sie geht auf, sie geht unter, und sie läuft dabei auf derselben Bahn, die der Frühlingspunkt durchläuft. Wir blicken auf einen langen Zeitraum von 25920 Jahren als der Umlaufszeit des Frühlingspunktes. Wir blicken auf einen kurzen Zeitraum des Sonnenauf- und untergangs bis zum Zurückkommen zum Anfangspunkt – wir blicken auf einen 24-stündigen Zeitraum. Da durchläuft die Sonne denselben Kreis in kurzer Zeit.[3]

So ist es mit dem menschlichen physischen Organismus. Vor langer Zeit hat die Erde aus Substanzen bestanden, die gleich denen sind, die wir in uns tragen, wenn wir einen gewissen Grad der Verdauung erreicht haben, gerade am Mittelpunkt zwischen der Aufnahme und der Ausscheidung, wo sich die Aufnahme in die Ausscheidung verwandelt. Da tragen wir in uns den Anfang der Erde. In kurzer Zeit bringen

3 Die handschriftliche Nachschrift von Mathilde Scholl trägt – vielleicht vom Redner selbst stammend – in Klammern das Schlüsselwort «(scheinbar)» in Bezug auf den täglichen Himmelsgang der Sonne. Der «Schein» der Wahrnehmung der Sonne tagsüber berücksichtigt nicht, welches Tierkreiszeichen hinter der Sonne steht. Während der 24 Stunden eines Tages bleibt die Sonne im selben Tierkreiszeichen. Um den ganzen Tierkreis zu durchmessen, braucht sie 12 Monate, das heißt ein Jahr. Wenn Rudolf Steiner seine Aussage auf den jährlichen Himmelsgang der Sonne bezogen hat, ist «24-stündigen» in «12-monatigen» zu ändern.

wir es bis zu der Ausscheidung, wo wir der heutigen Erde ähnlich sind. Da werden die Stoffe in der Form, wie sie heute sind, der Erde übergeben.

Wir tun mit unserem Ernährungsprozess im physischen Leib etwas Ähnliches, wie es die Sonne tut bei ihrem Umgang gegenüber dem Frühlingspunkt.

Wir dürfen in das physische Erdrund hinausschauen und dürfen sagen: Heute ist dieses physische Erdrund bei Gesetzen angekommen, die die Gestalt unseres physischen Organismus auflösen. Aber sie muss einmal, diese Erde, in einem Zustand gewesen sein, wo auf sie Kräfte gewirkt haben, die heute unseren physischen Organismus dahin bringen, wo die Nahrungsmittel sind, wenn sie zwischen Aufnahme und Ausscheidung mittendrin stehen. Wir tragen in uns die Gesetze des Erdanfangs. Wir wiederholen in uns das, was einmal auf der Erde war.

Wenn wir unseren physischen Organismus als das sehen, was die äußeren Stoffe aufnimmt und sie wieder in Form von äußeren Stoffen ausscheidet, so ist dieser physische Organismus auf die Aufnahme und Ausscheidung der heutigen Substanzen hinorganisiert. Aber er trägt etwas in sich, was im Anfang der Erde vorhanden war, was heute die Erde nicht mehr hat, was aus ihr verschwunden ist. Denn die Erde hat die Endprodukte, nicht aber die Anfangsprodukte. Wir tragen also etwas in uns, was wir in sehr alten Zeiten innerhalb der Konstitution der Erde suchen müssen.

Und das, was wir so in uns tragen und was die Erde als Ganzes nicht mehr hat, das ist das, was den Menschen über das physische Erddasein hinaushebt. Das ist das, was den

Menschen dazu bringt, sich zu sagen: Ich habe in mir den Anfang der Erde bewahrt. Ich trage, indem ich durch die Geburt ins physische Dasein eintrete, immer etwas in mir, was die Erde heute nicht mehr hat, aber vor Jahrmillionen gehabt hat. Wir sehen daraus, dass wir, wenn wir den Menschen eine «kleine Welt» nennen, nicht bloß auf das Rücksicht nehmen, wie heute die Welt um uns herum ist, sondern dass wir in den Entwicklungszeiten über den heutigen Zustand hinausgehen müssen. Um den Menschen zu verstehen, müssen wir uralte Zustände der Erde ins Auge fassen.

Das, was im Menschen noch vorhanden ist und was die Erde nicht mehr hat, das kann vor der menschlichen Beobachtung auftreten. Das geschieht dadurch, dass der Mensch zu dem greift, was wir «meditieren» nennen.

Der Mensch ist gewohnt, die Vorstellungen, durch die er die äußere Welt wahrnimmt, in sich entstehen zu lassen, die äußere Welt durch diese Vorstellungen einfach abzubilden. In den letzten Jahrhunderten hat er sich so stark daran gewöhnt, die äußere Welt nur abzubilden, dass er gar nicht dazu kommt, sich bewusst zu werden, dass er Vorstellungen auch frei von innen heraus bilden kann. Solche Vorstellungen von innen heraus frei bilden, heißt meditieren: sich im Bewusstsein mit Vorstellungen durchdringen, die nicht von der äußeren Natur kommen, mit Vorstellungen, die aus dem Inneren herausgeholt werden, wobei wir auf jene Kraft aufmerksam werden, die diese Vorstellungen heraustreibt.

Wir kommen dann dazu, zu fühlen, dass im Menschen ein zweiter Mensch steckt, dass im Menschen etwas innerlich fühlbar wird, was sich so erlebt, wie die Muskelkraft, mit der wir einen Arm ausstrecken. Wir erleben diese Muskelkraft, diese Muskelkraft erleben wir im Menschen. Wenn wir denken, erleben wir gewöhnlich nichts. Aber durch das Meditieren ist es möglich, die Gedankenkraft, die Kraft, durch die wir die Gedanken bilden, in einer solchen Weise zu verstärken, dass wir uns innerlich so erleben, wie die Muskelkraft, wenn wir den Arm ausstrecken.

Und das Meditieren hat seinen Erfolg, wenn wir uns zuletzt sagen können: Ich bin in meinem gewöhnlichen Denken ganz passiv, ich lasse mit mir nur etwas geschehen. In meinem gewöhnlichen Denken lasse ich mich von der Natur mit Gedanken ausstopfen. Aber ich will mich nicht weiter mit Gedanken ausstopfen lassen, sondern ich versetze in mein Bewusstsein die Gedanken hinein, die ich haben will. Ich gehe von einem Gedanken zum anderen nur durch die Kraft meines eigenen Denkens selbst. Da wird das Denken immer stärker, wie die Muskelkraft stärker wird, wenn wir den Arm gebrauchen. Da merken wir zuletzt, dass dieses Denken ebenso ein Spannen, ein Tasten, ein innerliches Erleben ist, wie das Erleben der Muskelkraft.

Hat aber der Mensch das, hat er sich innerlich so erlebt, dass er sein Denken in sich fühlt, wie er sonst die Muskelkraft fühlt, dann tritt vor sein Bewusstsein das, was er als Wiederholung eines alten Erdzustandes in sich trägt. Er lernt jene Kraft erkennen, die im physischen Leib die von ihm genossenen Speisen umwandelt und wieder zurückverwandelt. Und indem er dazu kommt, in sich diesen höheren Menschen zu erleben, der so real ist, wie der physische

Mensch real ist, kommt er dazu, auch die Dinge der äußeren Welt mit diesem erkrafteten Denken anzuschauen.

Meine lieben Freunde! Mit einem solchen erkrafteten Denken schauen wir auf einen Stein, auf einen Salzwürfel oder einen Quarzkristall. Wir sagen uns: Schaue ich mit innerlicher Denkerkraftung auf einen Stein, dann ist es so, dass, wenn ich auf diesen Stein schaue, es mir vorkommt, wie wenn ich einem Menschen begegne und weiß, dass ich den schon mal gesehen habe. Dadurch, dass ich ihn wieder vor mir sehe, erinnere ich mich an Erlebnisse, die ich mit ihm vor 10, 20 Jahren gehabt habe. Mittlerweile war er in Australien oder irgendwo sonst. Das, was jetzt als Mensch vor mich hintritt, zaubert Erlebnisse aus mir heraus, die ich mit ihm vor 10 oder 20 Jahren gehabt habe.

Schaue ich einen Salzwürfel, schaue ich einen Quarzkristall mit dem erkrafteten Denken an, sofort steht vor mir, wie dieser Salzwürfel, dieser Quarzkristall einmal war, wie wenn mir die Erinnerung an einen Urzustand der Erde aufgehen würde. Damals aber war dieser Salzwürfel nicht hexaedrisch oder hexagonal – also nicht sechsflächig oder sechseckig –, sondern alles war in einem welligen und webenden Steinweltmeer. Der Urzustand der Erde geht mir so auf, wie an den gegenwärtigen Gegenständen mir eine Erinnerung aufgeht.

Dann blicke ich zum Menschen, und ganz derselbe Eindruck, den ich sonst vom Urzustand der Erde habe, ganz derselbe Eindruck stellt sich mir in einem zweiten Menschen dar, den der Mensch in sich trägt. Ganz derselbe Eindruck stellt sich mir auch dar, wenn ich nicht Steine sehe, sondern wenn ich Pflanzen sehe. Und ich komme dazu, neben dem physischen Leib von einem «Ätherleib» zu sprechen. Die Erde war einst Äther. Sie ist aus dem Äther heraus das geworden, was sie heute in ihren anorganischen, in ihren leblosen Mineralien ist. Die Pflanze trägt noch das in sich, was ein uralter Zustand der Erde war. Und auch ich selbst trage das als einen zweiten Menschen, als den Ätherleib des Menschen in mir.

All dieses, was ich Ihnen schildere, meine lieben Freunde, kann Beobachtungsgegenstand des erkrafteten Denkens werden. Gibt sich der Mensch Mühe, das erkraftete Denken zu haben, dann schaut er an sich und an der Pflanze außer dem Physischen ein Ätherisches. Und indem er auf die Mineralien sieht, schaut er in Erinnerung an uralte Zeiten, die die Mineralien wachrufen, auch auf das Ätherische.

Und was wissen wir aus dem, was uns so in einer höheren Beobachtung entgegentritt, was wissen wir aus dem? Wir wissen aus dem, dass die Erde einmal in einem ätherischen Zustand war und dass der Äther geblieben ist, dass er heute noch die Pflanzen durchsetzt, die Tiere durchsetzt – denn auch an ihnen nehmen wir ihn wahr –, und den Menschen durchsetzt.

Aber dann tritt ein Weiteres auf. Die Mineralien sehen wir ätherfrei, die Pflanzen sehen wir mit Äther begabt. Aber wir lernen zu gleicher Zeit den Äther überall sehen. Er ist heute noch überall da, er füllt den ganzen Weltraum aus. Er nimmt nur nicht an der äußeren mineralischen Natur teil, aber er ist überall da. Wenn ich nur die Kreide aufhebe, da merke ich, in dem Äther geht allerlei vor. Das ist ein verwickelter

Prozess, ein verwickelter Vorgang, wenn ich die Kreide aufhebe. Mein Arm, meine Hand hebt die Kreide auf. Was da meine Hand tut, das ist die Entwicklung einer Kraft in mir. Diese Kraft ist in mir während des Wachzustandes vorhanden, während des Schlafzustandes ist sie nicht vorhanden.

Wenn ich das verfolge, was der Äther tut, die geschilderte Verwandlung der Nahrungsmittel in mir, so ist das durch den Wach- und durch den Schlafzustand hindurch vorhanden. Das kann man, wenn man oberflächlich ist, beim Menschen bezweifeln, aber nicht bei den Schlangen, denn die schlafen, um zu verdauen. Aber das, was dadurch geschieht, dass ich den Arm hebe, das kann nur im wachen Zustand geschehen. Der Ätherleib hilft mir nicht bei diesem Heben. Wenn ich die Kreide hebe, muss ich die Ätherkräfte überwinden, ich muss in den Äther hineinwirken, der Ätherleib kann das nicht tun.

Ich muss also einen dritten Menschen in mir tragen, der das tun kann. Diesen dritten Menschen, ihn finde ich nicht in etwas Ähnlichem draußen in der Natur. Diesen dritten Menschen, der sich bewegen kann, der Dinge heben kann, der meine eigenen Leibesglieder bewegen kann, ihn finde ich nicht in der äußeren Natur. Aber dieser Kräftemensch, dieser Mensch, der in den Menschen die Kraft seines Willens hineingießt, der tritt in Beziehung zu der äußeren Natur, in der überall Äther ist.

Zunächst können wir diese innere Kraftentfaltung in uns selbst nur durch inneres Erleben wahrnehmen. Wenn wir aber die Meditation weitertreiben, wenn wir innerlich nicht nur das tun, dass wir selbst Vorstellungen schaffen und von einer Vorstellung zur anderen übergehen, um das Denken zu erkraften, sondern wenn wir, nachdem wir uns ein solches kraftvolles Denken errungen haben, es innerlich wieder abschaffen, uns im Bewusstsein ganz leer machen, dann erreichen wir etwas Besonderes. Wenn wir uns von den gewöhnlichen Gedanken, die wir passiv erwerben, freimachen, schlafen wir sonst ein. In dem Augenblick, wo der Mensch nicht mehr wahrnimmt, nicht mehr denkt, schläft er ein, weil das gewöhnliche Bewusstsein passiv erworben ist. Ist es nicht da, dann schläft der Mensch ein. Aber wenn wir die Kräfte entwickeln, durch die wir das Ätherische sehen, haben wir einen innerlich erstarkten Menschen. Wir fühlen die Gedankenkräfte, wie wir sonst die Muskelkräfte fühlen.

Wenn wir diesen erstarkten Menschen wegsuggerieren, dann schlafen wir nicht ein, dann exponieren wir unser leeres Bewusstsein der Welt. Dann tritt objektiv das in den Menschen herein, was der Mensch spürt, indem er seine Arme bewegt, indem er geht, indem er seinen Willen entfaltet. In der Welt des Raumes ist das nirgends zu finden, was da als Kräfte im Menschen wirkt, aber es tritt in den Raum hinein. Wenn wir in der Weise, wie wir es geschildert haben, ein leeres Bewusstsein erzeugen, dann entdecken wir auch objektiv diesen dritten Menschen im Menschen.

Schauen wir dann wieder in die äußere Natur hinaus, dann merken wir: Der Mensch hat einen Ätherleib, die Tiere haben einen Ätherleib, die Pflanzen haben einen Ätherleib. Die Mineralien haben keinen Ätherleib, die erinnern nur an den ursprünglichen Erdäther. Überall ist Äther, wo wir hinschauen, wo wir hingehen, überall ist Äther. Aber er verleugnet sich. Warum? Weil er sich nicht als Äther gibt.

Wenn wir mit dem meditativen Bewusstsein, wie wir es geschildert haben, an die Pflanzen herantreten, so haben wir ein Ätherbild. Treten wir an den Menschen heran, haben wir auch ein Ätherbild. Wenn wir aber an den allgemeinen Äther in der Welt herantreten, dann ist es so, wie wenn wir im Meer schwimmen würden: Überall ist der Äther, aber er gibt kein Bild. Er gibt in dem Moment ein Bild, wo ich die Kreide erhebe. Es erscheint im Ätherischen da ein Bild, wo mein dritter Mensch seine Kraft entfaltet.

Stellen wir dieses Bild vor uns: Die Kreide liegt da, meine Hand ergreift die Kreide und hebt sie auf. Das Ganze kann ich in Augenblicksaufnahmen nachbilden. Was sich da entwickelt, das hat im Äther ein Gegenbild. Aber dieses Gegenbild im Äther wird erst in dem Moment gesehen, wo ich durch das leere Bewusstsein wahrnehmen kann, wo ich den dritten Menschen wahrnehmen kann – nicht nur den zweiten, den ätherischen Menschen, sondern wo ich den dritten Menschen wahrnehmen kann. Das heißt, der allgemeine Weltäther wirkt nicht als Äther, er wirkt so, wie der dritte Mensch wirkt.

Und ich kann dann sagen: Ich habe den physischen Leib, ich habe den ätherischen Leib, den ich durch das meditative Bewusstsein wahrnehme, ich habe dann den dritten Menschen (s. Zeichnung S. 114, großes Oval rechts: weiß, orange, rötlich) – wir nennen ihn den astralischen Menschen. Ringsherum habe ich aber überall das, was das Zweite ist in der Welt, den Weltäther (orange). Dieser Weltäther, er ist wie ein unbestimmtes Äthermeer. In dem Moment, wo ich irgendetwas, was von meinem dritten Menschen kommt, in diesen Äther hineinstrahle, da antwortet mir der Weltäther, wie wenn er meinem dritten Menschen gleich wäre. Er antwortet mir nicht ätherisch, er antwortet mir «astralisch». Sodass ich überall im weiten Äthermeer durch meine eigene Tätigkeit etwas entfessle, was meinem eigenen dritten Menschen ähnlich ist.

Und was ist das, was ich da entfessle? Was ist das, was da im Ätherischen als ein Gegenbild auftritt? Ich hebe die Kreide auf, meine Hand geht von unten nach oben. Das Ätherbild geht von oben nach unten, es ist ein richtiges Gegenbild des Astralischen, aber es ist ein bloßes Bild. Aber das, wodurch dieses Bild hervorgerufen wird, ist der heutige reale Mensch. Lernen wir in der Erdentwicklung zurückschauen, lernen wir das auf die Entwicklung im Großen anwenden, meine lieben Freunde, was kurz wiederholt wird auf die Art, wie wir es beschrieben haben, dann stellt sich uns das Folgende heraus.

Ich habe den heutigen Erdzustand (s. Tafelzeichnung S. 115, Kreis ganz rechts: «Erde»). Ich gehe zurück zu einer Äthererde (weiter nach links: «Aethererde»). In der finde ich noch nicht das, was durch mich im umliegenden Äther entfesselt wird. Ich muss noch weiter zurückgehen und komme zu einem noch früheren Erdzustand, in dem die Erde gleich meinem eigenen Astralleib war (links, gelb: «Astralleib»), in dem die Erde astralisch war, in dem die Erde ein Wesen war, wie mein dritter Mensch ist. Dieses Wesen der Erde, ich muss es in längst vergangenen Zeiten suchen, in Zeiten, die viel länger vergangen sind als die, in denen die Erde eine Äthererde war.

Aber wenn ich so weit zurückgehe in der Zeitentwicklung, ist es nicht anders, als wenn ich im Raum einen fernen Gegenstand sehe, als wenn ich ein weit entferntes Licht sehe, das bis hierher leuchtet. Es ist dort, aber es leuchtet bis hierher, es entwickelt Bilder und kommt bis hierher. Hier habe ich es zurückgelassen; hier habe ich für den Raum nur die Zeit. Das, was meinem eigenen Astralleib gleich ist, war in uralten Zeiten vorhanden, aber es ist immer noch da. Die Zeit hat nicht aufgehört zu sein, sie ist noch da.

Und wie im Raum das entfernte Licht bis hierher leuchtet, so wirkt das, was in einer längst vergangenen Zeit liegt, in die heutige Gegenwart herein. Es ist die ganze Zeitentwicklung noch da. Was einmal da war, ist nicht verschwunden, wenn es so etwas ist wie das, was im äußeren Äther meinem eigenen astralischen Leib ähnlich ist. Ich komme da zu etwas, was im Geist vorhanden ist und die Zeit zum Raum macht. Es ist nicht anders, als wenn ich durch einen Telegrafen weithin korrespondiere. Wenn ich die Kreide aufhebe und ein Bild im Äther erzeuge, korrespondiere ich mit dem, was für die äußere Anschauung längst vergangen ist.

Wir sehen da, wie der Mensch in einer ganz anderen Weise in die Welt hineingestellt ist, als ihm zunächst erscheint. Aber wir begreifen auch, warum für den Menschen Welträtsel auftauchen.

Der Mensch fühlt in sich, auch wenn er sich das nicht klarmacht – heute macht es sich nicht einmal die Wissenschaft klar –, der Mensch fühlt in sich, dass er ein Ätherisches hat, das die Speisen umwandelt und sie wieder zurückverwandelt. Er findet das in den Steinen nicht, aber die Steine waren in den uralten Zeiten, die er da findet, noch als allgemeiner Äther vorhanden. In diesem allgemeinen Äther ist das wirksam, was noch weiter zurückliegt. Der Mensch trägt eine uralte Vergangenheit in zweifacher Weise in sich: eine spätere Vergangenheit in seinem Ätherleib, und eine frühere Vergangenheit in seinem Astralleib.

Wenn der Mensch sich heute der Natur gegenüberstellt, betrachtet er nur das Leblose. Das Lebendige in den Pflanzen betrachtet er nur dadurch, dass er die Substanzen und die Kräfte in den Substanzen, die er im Labor erkundet, dann auf die Pflanzen anwendet. Das Wachstum lässt er aus, er kümmert sich nicht um das Wachstum, um das Leben in den Pflanzen.

Die heutige Wissenschaft betrachtet die Pflanzen so wie einer, der ein Buch in die Hand nimmt, die Buchstabenformen anschaut, und nicht lesen kann. So betrachtet die heutige Wissenschaft die Dinge der Welt: wie jemand, der in einem Buch die Buchstabenformen beschreibt und nicht lesen kann. Wenn man aber ein Buch aufschlägt und nicht lesen kann, müssen einem die Formen sehr rätselhaft erscheinen. Man kann nicht begreifen, warum da eine Form ist, die just so ausschaut: b, dann eine solche: a, l, und eine solche: d – bald (s. S. 115). Was macht das nebeneinander? Es ist rätselhaft, es ist ein «Welträtsel»![4]

---

4 Mit dem Wort «Welträtsel» weist Rudolf Steiner u. a. auf das aufsehenerregende Buch von Ernst Haeckel hin: *Die Welträthsel. Gemeinverständliche Studien über Monistische Philosophie.* Von Ernst Haeckel (Bonn 1899).

Das, was wir als eine Betrachtungsart dargestellt haben, ist ein «Lesenlernen» in der Welt und im Menschen. Und durch das Lesenlernen kommen wir allmählich der Lösung der Welträtsel nahe.

Meine lieben Freunde! Ich wollte Ihnen heute nur im Allgemeinen den Gang des Menschensinnens zeigen, durch den wir hinausgelangen können aus dem verzweiflungsvollen Zustand, in dem der Mensch sich heute befindet, und den wir gestern geschildert haben. Wir werden aufsteigend betrachten, wie das immer weiter gehen kann, wie wir im Lesen der Erscheinungen in der Welt draußen und im Lesen der Erscheinungen im Menschen drinnen immer weiter gehen können.

Damit aber machen wir Gedankengänge durch, die dem heutigen Menschen ganz ungewohnt sind. Denn was ist heute das Gewohnte? Das Gewohnte ist, dass die Menschen sagen: Das verstehe ich nicht. Aber was heißt es, das verstehe ich nicht? Das heißt nichts anderes als: Es stimmt mit dem nicht überein, was mir in der Schule beigebracht worden ist. Ich bin gewohnt, so zu denken, wie ich in der Schule angeleitet worden bin. Aber die Schule baut doch auf der richtigen Wissenschaft!

Ja, aber diese richtige Wissenschaft, meine lieben Freunde – ich will nur ein Beispiel nennen von dieser richtigen Wissenschaft. Wer wie ich ein bisschen älter geworden ist, der hat mancherlei erlebt. So hat er zum Beispiel erlebt, dass für jenen Prozess, auf den ich auch heute hingedeutet habe – die Aufnahme von Nahrungsmitteln, die Verwandlung von Nahrungsmitteln im menschlichen Organismus –, dass dafür verschiedenerlei notwendig ist. Man zählt auf: Eiweißstoffe, Zucker und Stärkeprodukte, Fette, Wasser und Salze – das alles ist für den Menschen notwendig. Und jetzt experimentiert man.

Wenn wir 20 Jahre zurückgehen, da haben die Experimente ergeben, dass der Mensch im Tag mindestens 120 Gramm (s. Tafel S. 115, Mitte oben: «120gr.») Eiweiß zu sich nehmen muss, sonst kann er nicht leben. Das war vor 20 Jahren Wissenschaft: Man muss 120 Gramm Eiweiß zu sich nehmen, sonst kann man nicht leben. Und was ist heute Wissenschaft? Heute ist Wissenschaft, dass 20 bis 50 Gramm (weiter rechts) ausreicht. Das ist heute Wissenschaft! Damals war es Wissenschaft, dass man, wenn man die 120 Gramm nicht hat, ein kranker Mensch ist, unterernährt ist; heute ist Wissenschaft, dass es nicht zuträglich ist, mehr als höchstens 50 Gramm zu haben, aber auch 20 reichen aus. Und wenn man mehr genießt, so bilden sich im Darm faulige Substanzen, die den Körper mit einer Art von Selbstvergiftung befallen. Es ist also schädlich, mehr als 50 Gramm Eiweiß aufzunehmen. Das ist heute Wissenschaft!

Aber das ist nicht nur Wissenschaft, das ist zu gleicher Zeit Leben. Denn denken wir einmal, vor 20 Jahren, als es wissenschaftlich war, dass man mindestens 120 Gramm Eiweiß haben muss, da wurde den Menschen gesagt: Ihr müsst halt solche Nahrungsmittel zu euch nehmen, durch die ihr 120 Gramm Eiweiß in euch bekommt! Man musste dann bei dem Menschen auch voraussetzen, dass er das alles bezahlt. Das geht in die Nationalökonomie hinein. Man hat sorgfältig damals beschrieben, wie es unmöglich ist, rein durch Pflanzenkost diese 120 Gramm Eiweiß aufzunehmen. Heute weiß man, dass die nötige Eiweißmenge bei jeder Art Nahrung in den Menschen kommt. Wenn er einfach genügend Kartoffeln isst, braucht er nicht viel mehr zu essen. Wenn er Kartoffeln isst mit etwas Butter, so gibt das die nötige Menge Eiweißstoff. Es ist heute ganz absolut wissenschaftlich sicher, dass das so ist!

Dabei ist die Sache so, dass, wenn der Mensch sich mit den 120 Gramm Eiweiß anfüllt, sein Appetit höchst unsicher wird. Wenn er aber bei einer Nahrung bleibt, die ihm die 20 Gramm Eiweiß liefert, und es ihm einmal passiert, dass er eine Nahrung zu sich nimmt, die nicht die 20 Gramm hat, durch die er also unterernährt wird, so schmeckt es ihm nicht mehr. Sein Instinkt wird wieder sicher. Dabei gibt es natürlich immer noch unterernährte Menschen. Das kommt aber von anderen Dingen, nicht von zu geringem Eiweiß, sondern von ganz anderen Dingen. Aber es gibt zahllose Menschen, die, weil sie sich mit Eiweiß überfüttern, Vergiftungen und allerlei andere Dinge durchmachen. So zum Beispiel, ich will jetzt nicht über die Natur der Infektionskrankheiten sprechen, aber am leichtesten ist der Mensch zugänglich für sogenannte Infektionen, wenn er 120 Gramm Eiweiß zu sich nimmt. Da kriegt er am leichtesten Diphtherie oder selbst Pocken. Wenn er aber nur 20 Gramm zu sich nimmt, wird er nur schwer angesteckt.

Sodass also einmal wissenschaftlich war: Man braucht so viel Eiweiß, dass man sich damit vergiftet und sich jeder möglichen Ansteckung aussetzt. Das war vor 20 Jahren Wissenschaft, meine lieben Freunde! Das, was so denkt, das liegt in der Richtung des Wissenschaftlichen. Aber wenn wir uns anschauen, was in ganz wichtigen Dingen vor ganz kurzer Zeit wissenschaftlich war, und was heute wissenschaftlich ist, dann kommen wir zu einer wesentlichen Erschütterung dieses Wissenschaftlichen.

Das ist etwas, was wir auch als ein Gefühl aufnehmen müssen, wenn jetzt etwas wie die Anthroposophie auftritt, die das Denken, das ganze Sinnen, die ganze Seelenverfassung des Menschen in eine andere Richtung bringt, als die ist, die gang und gäbe ist. Ich wollte heute nur auf etwas hinweisen, was wie eine Anleitung dazu ist, in ein anderes Sinnen, in ein anderes Denken hineinzukommen.[5]

---

5 Meine lieben Freunde! Ich habe gestern nicht bedacht, dass ja am Ende der Woche eine Eurythmie-Vorstellung in Bern sein wird, nämlich am nächsten Samstag, und dadurch müssen die Vorträge sowohl am Freitag wie am Samstag ausfallen. Der nächste Vortrag ist dann in Fortsetzung dessen, was ich gestern und heute gegeben habe, am nächsten Sonntag hier. An diesem Sonntag werde ich ja wohl auch so weit sein, dass ich dann endgültig angeben kann, wie die Verteilung sein soll der Freunde für die Allgemeine Anthroposophische Gesellschaft einerseits und für die 1. Klasse der Freien Hochschule für Geisteswissenschaft andererseits, für die ich dann immer am Freitag sprechen werde, aber noch nicht am nächsten Freitag, weil da der nächste Vortrag für die Allgemeine Anthroposophische Gesellschaft sein wird, also Sonntag um 8 Uhr. Am nächsten Mittwoch 8½ Uhr ist hier eine Eurythmie-Vorstellung.

Dritter Vortrag

Mond und Sonne, zwei Tore zum Geist

Karma der Vergangenheit, Freiheit der Zukunft

Dornach, 27. Januar 1924

Meine lieben Freunde![6] Wenn wir uns das heutige Bewusstsein des Menschen anschauen, so müssen wir sagen: Der Mensch steht auf der Erde da, schaut in die Weiten des Kosmos hinaus, ohne in sich eine Beziehung dessen zu fühlen, was ihn auf der Erde umgibt, und seiner selbst, zu diesen Weiten des Kosmos. Sehen wir nur einmal, wie abstrakt

6 In den beiden letzten Vorträgen war es mir darum zu tun, die besondere Betrachtungsweise, die die anthroposophische sein soll, mit einigen Strichen zu zeichnen, weil ich vorhabe, die Fortsetzung dieser Vorträge so zu gestalten, dass der eine der wöchentlichen Vorträge immer für die Mitglieder der ersten Klasse der Freien Hochschule für Geisteswissenschaft sein soll, die beiden anderen Vorträge für die Anthroposophische Gesellschaft im Allgemeinen.

Ich werde einen Übergang gewinnen müssen, und diesen Übergang habe ich dadurch zu geben versucht, dass ich aus den sehr esoterischen Betrachtungen, die hier von mir durch lange Zeit angestellt worden sind, zu dem hinüberführen wollte, was dann die Betrachtungen für die Allgemeine Anthroposophische Gesellschaft sein werden. Ich möchte am nächsten Mittwoch noch einiges hier über das Nähere der Klasseneinteilung und der Beziehung dieser Klasseneinteilung zur Anthroposophischen Gesellschaft vorbringen, sodass wir dann endgültig die Sache regeln können. Daher wird es gut sein, wenn wir am nächsten Mittwoch um 8 Uhr eine Art von orientierendem Vortrag nach dieser Richtung hin haben können.

Heute möchte ich noch einen der Übergangsvorträge halten, in dem ich hinweisen möchte von einem gewissen Gesichtspunkt aus auf die Beziehung des exoterischen Lebens zu dem esoterischen Leben – ich könnte auch sagen, auf den Übergang vom gewöhnlichen Wissen zu

beschrieben wird, was die Sonne ist, von all denen, die heute Anspruch darauf machen, gültige Erkenntnis zu vertreten. Sehen wir, wie von den gleichen Menschen beschrieben wird, was der Mond ist. Abgesehen davon, dass die Sonne im Sommer warm macht, im Winter kalt lässt, dass der Mond ein beliebter Genosse von Liebenden ist, wird wenig über die Beziehung des Menschen, der hier auf der Erde wandelt, zu diesen Weltkörpern gedacht.

Wir brauchen nur ein wenig in uns den Blick zu entwickeln, von dem wir schon gesprochen haben, den Blick für das, was Menschen einmal gewusst haben, Menschen, die der großen Welt näher standen als die heutigen Menschen, die ein naives Bewusstsein gehabt haben, mehr einen Erkenntnisinstinkt als eine verstandesmäßige Erkenntnis gehabt haben, die aber über die Beziehung der einzelnen Gestirne zum Wesen und Leben des Menschen zu sinnen wussten. Diese Beziehung des Menschen zu den Gestirnen und

---

der Initiationserkenntnis, wobei das gilt, was ich bei der Beschreibung der Freien Hochschule für Geisteswissenschaft in dem Beiblatt, in dem Mitteilungsblatt für Mitglieder, schon vorgebracht habe: dass alles, was Initiationswissenschaft ist, wenn es in die entsprechenden Ideen gebracht wird, von jedem Menschen, der nur vorurteilslos genug ist, eingesehen werden kann.

Sodass man nicht sagen kann, man muss erst selbst der Initiation teilhaftig werden, um das zu durchschauen, was vonseiten der Initiationswissenschaft gesagt wird. Aber ich möchte heute die Beziehung dessen, was als Anthroposophie auftritt, zu dem, was ihre Quelle, was die Quelle der Anthroposophie ist – das die eigentliche Initiationswissenschaft ist –, das möchte ich heute einmal erörtern, und dann werden die drei Vorträge, die ich mit dem heutigen zusammen zu halten habe, eine Art Einleitung bilden zu dem, was das nächste Mal kommen wird in der Allgemeinen Anthroposophischen Gesellschaft: die Gliederung des Menschen nach physischem Leib, Ätherleib und so weiter.

damit zu dem ganzen Weltall, diese Beziehung muss wieder in das Bewusstsein des Menschen hineinkommen. Und sie wird hineinkommen, wenn Anthroposophie in der richtigen Weise gepflegt wird.

Der Mensch meint heute sein Schicksal, sein Karma hier auf der Erde zu haben. Er blickt hinauf zu den Sternen, um in ihnen Andeutungen für das zu finden, was Menschenschicksal ist. Anthroposophie soll aber den Anteil des Menschen an der übersinnlichen Welt ins Auge fassen. All das, was den Menschen umgibt, gehört nur zu seinem physischen Leib und höchstens zu seinem Ätherleib. Wenn wir noch so weit in die Sternenwelten hinausschauen, sehen wir die Sterne nur durch ihr Licht. Licht ist aber eine Äthererscheinung. All das, was wir in der Welt durch das Licht wahrnehmen, ist eine Äthererscheinung. Wir können noch so weit in das Weltall hinausblicken: Wir kommen nicht über das Ätherische hinaus, indem wir unseren Blick herumschweifen lassen.

Aber das menschliche Wesen geht auch ins Übersinnliche. Der Mensch trägt sein übersinnliches Wesen aus dem vorirdischen Dasein in das irdische Dasein herein, und er trägt es nach dem Tod wieder heraus, dieses übersinnliche Wesen, sowohl aus dem physischen wie aus dem ätherischen Wesen heraus.

Es gibt nichts von den Welten, in denen der Mensch gelebt hat, bevor er auf die Erde herabgestiegen ist, und die er wieder betreten wird, wenn er durch die Pforte des Todes geht, es gibt nichts von diesen Welten im weiten Umkreis, der sichtbar um uns herum auf der Erde oder im Kosmos draußen ist. Aber es gibt zwei Tore, die aus der Welt des Physischen und des Ätherischen in das Übersinnliche hineinführen. Das eine Tor ist der Mond, das andere Tor ist die Sonne. Und wir verstehen Mond und Sonne nur im rechten Sinne, wenn wir uns bewusst werden, dass sie zwei Tore zur übersinnlichen Welt sind, Tore zur übersinnlichen Welt, die viel mit dem zu tun haben, was der Mensch als sein Schicksal hier auf der Erde erlebt.

Betrachten wir von diesem Gesichtspunkt aus das Monddasein. Der Physiker weiß nichts anderes über dieses Monddasein, als dass durch den Mond das zurückgeworfene Sonnenlicht erscheint. Er weiß, das Mondlicht ist zurückgeworfenes Sonnenlicht, aber dabei bleibt er stehen. Er berücksichtigt nicht, dass das, was als Weltkörper vor unserem physischen Auge als Mond sichtbar ist, dass das einmal mit unserem Erddasein verbunden war. Der Mond war einmal in das Erddasein eingegliedert, er war ein Stück Erde. Er hat sich in Urzeiten von der Erde losgetrennt und ist ein eigener Weltkörper draußen im Himmelsraum geworden. Aber nicht nur das ist der Fall, dass er ein eigener Weltkörper im Himmelsraum erst geworden ist, was als eine physische Tatsache ausgelegt werden kann, sondern noch etwas wesentlich anderes ist der Fall.

Wer in der Betrachtung der Menschheitszivilisation und Menschheitskultur zurückgeht, der findet, dass in alten Zeiten eine Urweisheit über der Erde verbreitet war, eine Urweisheit, von der vieles von dem abstammt, was bis in unsere Zeit hereinragt, und was viel gescheiter ist als all das, was heute durch die Wissenschaft erkundet wird. Wer sich von diesem Gesichtspunkt aus die Veden Indiens, die Vedanta- oder die Yogaphilosophie betrachtet, der wird eine tiefe Ehrfurcht vor dem bekommen, was ihm da in dichterischer Form, in einer heute ungewohnten Form entgegentritt, was ihm aber umso mehr Ehrfurcht einflößen muss, je mehr er sich darin vertieft.

Wenn wir nicht mit der heutigen trockenen, nüchternen Art an diese Dinge herantreten, sondern wenn wir sie in all ihrer innerlich aufrüttelnden und tiefen Weisheit auf uns wirken lassen, dann kommen wir auch durch diese äußeren Dokumente dazu, es begreiflich zu finden, wenn Geisteswissenschaft, wenn Anthroposophie aus ihren Erkenntnissen heraus sagen muss: Es hat einmal eine – wenn sie auch nicht in Form des Verstandes, sondern mehr in dichterischer Form auftrat –, es hat einmal eine über unsere Erde sich ausbreitende Urweisheit gegeben.

Aber der gegenwärtige Mensch ist darauf angewiesen, durch seinen physischen Leib das zu begreifen, was ihm an Weisheit entgegentritt – es so zu begreifen, dass das Werkzeug dieses Begreifens das Gehirn ist. Dieses Gehirn als Werkzeug des Begreifens hat sich erst im Laufe langer Zeiten entwickelt. In der Zeit, als die Urweisheit auf der Erde war, war das heutige Gehirn nicht vorhanden. Die Weisheit war damals Geschöpfen eigen, die nicht in einem physischen Leib lebten.

Es gab einmal Genossen der Menschen auf der Erde, die nicht in einem physischen Leib lebten. Das sind die großen Urlehrer der Menschheit, die dann von der Erde verschwunden sind. Nicht nur der physische Mond ist in den

Weltraum hinausgegangen – mit dem Mond sind auch diese Wesen in das Weltall hinausgegangen, und sie bewohnen ihn heute. Sodass derjenige, der mit wirklicher Erkenntnis nach dem Mond hinsieht, sich sagt: Da oben ist eine Welt, die Wesen in sich hat, die einmal hier auf der Erde unter uns gelebt haben, die uns in unseren früheren Erdleben gelehrt haben, und die sich dann nach der Mondkolonie zurückgezogen haben.

Nur wenn wir in dieser Art die Dinge betrachten, kommen wir auf die Wahrheit. Der Mensch kann heute innerhalb seines physischen Leibes nur wie in einem ganz schwachen Aufguss das betrachten, was einmal Urweisheit war. Er hatte diese Urweisheit in uralten Zeiten, wo diese Urweisheitslehrer die Lehrer der Menschen waren. Damals nahm er diese Urweisheit mit seinem Instinkt auf, nicht mit dem Verstand – auf Wegen, auf denen sich ihm höhere Wesenheiten offenbaren konnten als solche, die in einem physischen Leib sind.

Und so weist uns all das, was mit dem Mond zusammenhängt, auf die menschliche Vergangenheit. Diese menschliche Vergangenheit ist für den heutigen Menschen abgestreift, sie ist äußerlich nicht mehr da. Aber innerlich trägt sie der Mensch noch in sich. Während er nicht mehr zwischen Geburt und Tod jenen Wesenheiten begegnet, von denen wir eben gesprochen haben, die einst Erdwesen waren und jetzt Mondwesen geworden sind, während er in seinem heutigen Zustand zwischen Geburt und Tod diesen Wesenheiten nicht begegnet, begegnet er ihnen im vorirdischen Dasein, in dem Dasein zwischen dem Tod und einer neuen Geburt.

Das, was wir in uns tragen und über unsere Geburt hinaus in ein früheres Dasein weist, was aus unserem Unterbewusstsein herauftönt und nicht zur vollen verstandesmäßigen Klarheit kommt, was mehr mit Gemüt und Gefühl zu tun hat, das weist nicht nur den Instinkt der Liebenden nach dem Mondschein hin, sondern das weist gerade den Menschen nach dem Mondschein hin, der auf diese unterbewussten Impulse der menschlichen Natur einen Wert legen kann.

Das, was wir unbewusst in uns tragen, weist uns nach dem Mond hin. Und ein Zeugnis dafür mag uns das sein, dass der Mond einmal mit der Erde vereinigt war, und dass die Wesen, die ihn bewohnen, auch einmal mit der Erde vereinigt waren. In dieser Art ist der Mond ein Tor zum Übersinnlichen. Und wer den Mond richtig studiert, der wird auch aus dessen äußerer physischen Beschaffenheit einen Anhaltspunkt dafür gewinnen, dass er ein Tor zum Übersinnlichen ist.

Denn versuchen wir nur einmal, uns die Art zu vergegenwärtigen, in der der Mond mit seinen Bergen und so weiter beschrieben wird. All das weist uns darauf hin, dass diese Berge, die ganze Konfiguration der Mondberge nicht so sein kann, wie Berge auf der Erde sind. Es wird immer betont, dass der Mond keine Luft, kein Wasser hat, dass er anders ist. Es ist mit der Mondkonfiguration so, dass sie so ist, wie die Erdkonfiguration einmal war, ehe sie ganz mineralisch geworden ist.

Ich führe das heute nur aphoristisch an. Ich müsste eine ganze Anzahl meiner Bücher vorlesen, müsste manches aus den Vortragszyklen vorlesen, wenn ich das, was ich jetzt vorbringe, als Ergebnis dessen zusammenfassen wollte, was hier schon entwickelt worden ist. Aber ich will einleitend nur charakterisieren, wie Anthroposophie vorgeht. Sie führt in der Art, wie ich es gezeigt habe, aus dem Physischen wieder hinaus in das Geistige. Und der Mensch lernt durch Anthroposophie naturgemäß denken, während er heute sonst gar nicht naturgemäß denkt.

Der Mensch weiß heute, dass die physische Substanz seines Leibes mehrmals in seinem Leben ausgewechselt wird. Wir schuppen fortwährend ab, wir schneiden uns die Nägel und so weiter. Es geht alles aus dem Inneren nach der Oberfläche, und am Ende ist alles, was im Zentrum unseres Leibes war, an der Oberfläche. Wir schuppen es ab. Keiner von uns, meine lieben Freunde, darf glauben, dass das, was von Fleisch und Blut, überhaupt von physischer Substanz heute hier auf den Stühlen sitzt, auch da gesessen hätte, wenn wir vor 10 Jahren dagewesen wären. Das alles ist ausgetauscht. Und was ist geblieben? Das Seelisch-Geistige ist geblieben. Davon weiß man heute wenigstens, wenn man es auch nicht immer bedenkt, dass all die Menschen, die heute hier auf den Stühlen sitzen, nicht dieselben Muskeln und dieselben Knochen gehabt hätten vor 10 oder vor 20 Jahren, wenn sie hier gesessen hätten.

Wenn aber der Mensch auf den Mond hinaufschaut, so hat er ungefähr das Bewusstsein: Das, was die äußere physische Substanz des Mondes ist, das war vor Jahrmillionen schon da. Es war aber ebenso wenig da, wie der heutige physische Leib des Menschen vor 20 Jahren da war. Die physischen Substanzen der Sterne tauschen sich nicht so schnell aus, aber sie brauchen dazu nicht so lange, wie die Physiker heute berechnen.

Diese Rechnungen stimmen als Rechnungen todsicher, aber sie sind falsch. Ich habe das schon öfter erwähnt. Ich habe gesagt: Wir können berechnen, wie sich die innere Konfiguration unseres Herzens von Monat zu Monat verändert. Wir rechnen es aus durch drei Jahre hindurch. Und dann rechnen wir ganz exakt, wie die Konfiguration dieses Herzens vor 300 Jahren war, oder wie sie in 300 Jahren sein wird. Wir kriegen sehr richtige Zahlen heraus, die Rechnung ist absolut richtig. Unsere Rechnung kann ganz richtig sein – aber das Herz war vor 300 Jahren noch nicht da, und es wird nach 300 Jahren nicht mehr da sein.

So rechnen heute die Geologen. Sie beobachten die Schichten der Erde, rechnen aus, wie sich diese Schichten im Laufe von Jahrhunderten verändern, multiplizieren dann die Sache und sagen: Vor 20 Millionen Jahren war die Erde so! Es ist genau dieselbe Rechnung mit demselben Sinn, nur war die Erde vor 20 Millionen Jahren noch nicht da, und sie wird in 20 Millionen Jahren nicht mehr da sein.

Es wird ganz davon abgesehen, dass geradeso, wie der Mensch einem Stoffwechsel unterliegt, so alle Himmelskörper einem Stoffwechsel unterliegen. Wenn wir nach dem Mond hinsehen, so müssen wir sagen: Vor einer Anzahl von Jahrtausenden war die Substanz, die wir heute im Mond sehen, ebenso wenig im Mond drinnen, wie unsere Substanz vor 10 Jahren auf den Stühlen gesessen hat. Was sich im Mond erhält, das sind die geistigen Wesen, das ist das

Geistig-Seelische in ihm, geradeso wie in uns das Geistig-Seelische das ist, was sich erhält.

Erst wenn wir wissen, dass einmal der physische Mond in den Weltraum hinausgegangen ist, dass aber das, was da physisch hinausgegangen ist, fortwährend seine Substanz wechselt, aber die Wesen, die den Mond bewohnen, auf ihm bleiben, das Bleibende sind – abgesehen vom Wandel des Mondes durch wiederholte Mondleben, darauf wollen wir heute nicht eingehen –, erst wenn wir das wissen, erst wenn wir den Mond so betrachten, bekommen wir eine Wissenschaft vom Mond, die sich nicht nur in den Kopf, die sich in das Herz des Menschen einschreibt.

Wir bekommen eine Beziehung zum geistigen Kosmos, wir betrachten den Mond als das eine Tor zum geistigen Kosmos. All das, was in den Tiefen unseres Wesens vorhanden ist, nicht nur die unbestimmten Liebesgefühle, sondern all das, was in den unterbewussten Tiefen der Seele vorhanden ist, und was das Ergebnis früherer Erdleben ist, das hängt mit dem Monddasein zusammen.

Mit dem, was unser gegenwärtiges Dasein ist, mit dem entreißen wir uns dem Monddasein. Fortwährend entreißen wir uns dem Monddasein. Wenn wir durch unsere Sinne nach außen etwas sehen oder hören, wenn wir mit unserem Verstand denken – wenn wir nicht das betrachten, was aus den Tiefen des Seelenlebens heraufkommt und was wir als ein Vergangenes erkennen, das in uns einmal wirkend war, wenn wir nicht das betrachten, sondern wenn wir das betrachten, was uns in die Gegenwart hereinreißt –, dann werden wir ebenso an das Sonnendasein gewiesen, wie wir durch das Vergangene an das Monddasein gewiesen werden. Nur dass die Sonne auf dem Umweg durch den physischen Leib auf uns wirkt.

Wenn wir uns selbstständig, durch unsere Willkür, das aneignen wollen, was uns die Sonne gibt, müssen wir die Willkür des Verstandes in Erregung bringen. Und mit dem, was wir Menschen heute durch unseren Verstand erkennen, durch unsere Vernunft erkennen, kommen wir lange nicht so weit, als wir instinktiv dadurch kommen, dass eine Sonne im Weltall ist. Ein jeder weiß, oder kann es wenigstens wissen, dass die Sonne uns jeden Morgen nicht nur aufweckt, uns aus der Finsternis zum Licht ruft, sondern ein jeder weiß, dass die Sonne in ihm der Quell der Wachstumskräfte ist. Sie ist aber auch der Quell der seelischen Wachstumskräfte.

Was in diesen seelischen Kräften aus der Vergangenheit herüberwirkt, das hängt mit dem Mond zusammen; was in der Gegenwart wirkt und zu dem wir uns aber erst in der Zukunft durch unsere Willkür entwickeln werden, das hängt von der Sonne ab. Ebenso wie der Mond auf unsere Vergangenheit weist, so weist die Sonne auf unsere Zukunft.

Wir blicken hinauf zu den beiden Gestirnen, zu dem des Tages und zu dem der Nacht, und sehen die Verwandtschaft dieser beiden Gestirne, denn sie senden uns beide dasselbe Licht. Wir blicken in uns hinein, wir blicken auf all das, was unserem Schicksal durch das einverwoben ist, was wir in der Vergangenheit als Menschen durchgemacht haben. Wir sehen unser inneres Monddasein als ein Vergangenes unserem Schicksal einverwoben. Und wir erblicken in dem, was immerzu in der Gegenwart uns bestimmend als Schicksal herantritt, wir erblicken in dem das Sonnenhafte – was nicht nur in der Gegenwart wirkt, sondern was auch in die Zukunft hineinwirkt.

Wir sehen, wie sich Vergangenes und Zukünftiges im Menschenschicksal ineinanderwebt. Wir können im Menschenleben näher betrachten, wie Vergangenes und Zukünftiges zusammenhängen.

Nehmen wir an, zwei Menschen finden sich zu irgendeiner Lebensgemeinschaft in einem gewissen Lebensalter. Wer nicht nachdenkt über so etwas, wer nicht nachsinnt, der sagt: Da war ich, da war der andere, da war ein Ort, zum Beispiel Müllheim, und in Müllheim haben wir uns gefunden. Er denkt nicht weiter darüber nach. Wer aber tiefer nachdenkt und das Leben des einen verfolgt, der vielleicht 30 Jahre alt war, das des anderen, der vielleicht 25 Jahre alt war, als sie sich gefunden haben (s. Tafelzeichnung S. 116, mit weißer Kreide: «30», «25» – Kreis als Treffpunkt), der wird sehen können, wie merkwürdig, wie wunderbar das Leben dieser beiden Menschen von ihrer Geburt an Schritt für Schritt sich so entwickelt hat, dass sie sich zuletzt an diesem Ort zusammenfinden. Von den entferntesten Orten finden sich die Menschen irgendwo in der Mitte des Lebens zusammen. Und es ist so, als ob sie alle ihre Wege so angeordnet hätten, dass sie sich zusammenfinden.

Aber das alles können sie nicht mit Bewusstsein voneinander gemacht haben, denn sie haben sich noch nicht gesehen gehabt, oder wenigstens nicht so gekannt gehabt, dass sie sich in einer solchen Weise finden. Das alles verläuft im

Unbewussten. Wir machen die Wege zu wichtigen Lebenseinschnitten, zu wichtigen Lebenspunkten im tiefsten Unbewussten. Aus diesem Unbewussten heraus wird das Schicksal gewoben. Wenn wir einen solchen Menschen hören, wie Goethes Freund Knebel,[7] der im höchsten Alter gesagt hat: Schaue ich zurück in mein Leben, so kommt es mir vor, als ob jeder Schritt so angeordnet gewesen wäre, dass ich an einem bestimmten Punkt zuletzt ankommen musste –, wenn wir einen solchen Menschen hören, fangen wir an, solche lebenserfahrenen Menschen zu verstehen.

Dann aber tritt der Moment ein, wo das, was sich zwischen zwei Menschen abspielt, in vollem Bewusstsein sich abspielt. Sie lernen sich kennen, sie lernen ihre Eigenschaften, ihre Temperamente, ihre Charaktere kennen, sie finden

---

7 *K. L. von Knebel's literarischer Nachlaß und Briefwechsel.* Herausgegeben von K. A. Varnhagen von Ense und Th. Mundt. Dritter Band. Leipzig, 1836. S. 452: «Den 30. December 1833.

– Man wird bei genauerer Beobachtung finden, daß in dem Leben der meisten Menschen sich ein gewisser Plan findet, der, durch eigene Natur, oder durch die Umstände, die sie führen, ihnen gleichsam vorgezeichnet ist.

Die Zustände ihres Lebens mögen noch so abwechselnd und veränderlich sein, es zeigt sich doch am Ende ein Ganzes, das unter sich eine gewisse Übereinstimmung bemerken läßt.

Ich habe dieses, bei meinem hohen Alter, unter den mancherlei Umständen, die mein Leben leiteten, sonderlich bemerkt. Es ist nicht meine Absicht, und würde sich eben auch nicht sonderlich belohnen, solche einzeln hier anzuführen; aber wenn ich nun zusammenrechne, was mein und der Meinigen Loos im Leben also gewürfelt hat, so finde ich in dem *Facit* meist überall vollkommene Übereinstimmung.

Die Hand eines bestimmten Schicksals, so verborgen sie auch wirken mag, zeigt sich auch genau, sie mag nun durch äußere Wirkung oder innere Regung bewegt sein; ja, widersprechende Gründe bewegen sie oftmals in ihrer Richtung.

So verwirrt der Lauf ist, so zeigt sich doch immer Grund und Richtung durch.»

Sympathie oder Antipathie füreinander und so weiter. Prüfen wir, wie das mit dem Weltall zusammenhängt, so finden wir: Das, was Mondkräfte sind, war auf den Wegen wirksam, die bis zu dem Moment die Menschen genommen haben, wo sie sich gefunden haben. Da beginnt die Sonnenwirkung, da treten sie in das helle Licht der Sonnenwirkung ein. Da sind sie mit ihrem eigenen Bewusstsein immer dabei. Da beginnt die Zukunft die Vergangenheit zu beleuchten, wie draußen im Weltall die Sonne den Mond beleuchtet. Und indem die Zukunft die Vergangenheit beleuchtet, erhellt wiederum die Vergangenheit die Zukunft des Menschen, wie der Mond die Erde mit zurückgeworfenem Licht beleuchtet.

Es fragt sich, ob wir auch im Leben unterscheiden können zwischen den Dingen, die sonnenhaft im Menschen sind, und denen, die mondhaft im Menschen sind. Schon das Gefühl kann manches unterscheiden, wenn man es tiefer und nicht oberflächlich nimmt.

Schon in der Kindheit, schon in der Jugend begegnet der Mensch anderen Menschen, die nur in ein äußeres Verhältnis zu ihm treten, an denen er vorübergeht, die an ihm vorübergehen, die vielleicht aber trotzdem recht viel mit ihm zu tun haben. Wir alle waren in der Schule. Der geringste Teil von uns wird sagen, dass er viele Lehrer gehabt hat, zu denen er eine tiefere Beziehung gehabt hat. Aber es wird den einen oder den anderen geben, der sich sagen wird: Da war ein Lehrer, der hat auf mich einen solchen Eindruck gemacht, dass ich habe werden wollen wie er, oder auch:

Er hat auf mich einen solchen Eindruck gemacht, dass ich ihn am liebsten von der Erde weggewünscht hätte. Es kann Sympathie sein, es kann Antipathie sein.

Auch im späteren Leben tritt das ein. Wir finden Menschen, die nur unseren Verstand beschäftigen, höchstens noch den ästhetischen Sinn. Denken wir nur, wie oft es vorkommt, dass jemand einen anderen Menschen kennengelernt hat. Trifft er da oder dort Menschen, die den auch kennen, so verständigen sie sich miteinander, indem sie ihn für einen Prachtkerl oder für einen ekelhaften Kerl erklären. Es ist ein ästhetisches Urteil, oder es ist ein verstandesmäßiges Urteil.

Aber es gibt auch etwas anderes. Es gibt menschliche Beziehungen, die sich nicht bloß im verstandesmäßigen oder im ästhetischen Urteil erschöpfen, sondern die auf den Willen gehen, und zwar sehr stark auf den Willen gehen. Es gibt in der Kindheit Beziehungen, wo wir nicht bloß sagen: Ich möchte so werden, wie er, oder: Ich möchte ihn von der Erde wegwünschen – wenn wir die radikalen Dinge anführen –, sondern wo wir im tiefsten Unterbewussten in unserem Willen berührt werden. Der Mensch, der uns so begegnet, wird von uns nicht nur so angeschaut, dass wir ihn gut oder böse, gescheit oder töricht finden, sondern wir möchten gern aus uns das tun, was sein Wille will, wir möchten gar nicht den Verstand anstrengen, um ihn zu beurteilen. Wir möchten das, was er als Eindruck auf uns macht, in unseren Willen aufnehmen.

Es gibt diese zwei Arten Verhältnis zu den Menschen. Die einen wirken auf unseren Verstand und höchstens auf den ästhetischen Sinn, die anderen wirken auf unseren Willen, wirken in unsere tiefere seelische Wesenheit hinein. Wofür ist das ein Zeugnis?

Wirken Menschen auf unseren Willen, fassen wir nicht nur eine starke Antipathie oder Sympathie, sondern möchten wir willentlich das ausleben, was wir als Sympathie und Antipathie empfinden, dann waren diese Menschen mit uns im vorigen Erdleben verbunden. Machen Menschen nur einen Eindruck auf unseren Verstand oder ästhetischen Sinn, dann treten sie in unser Leben herein, ohne mit uns im vorigen Erdleben verbunden gewesen zu sein. Aber schon daraus sehen wir: Im Menschenleben, im menschlichen Schicksal wirken Vergangenheit und Gegenwart zusammen in die Zukunft hinein. Denn das, was wir mit den Menschen erleben, trotzdem sie nicht in unseren Willen hineinsprechen, das wird im folgenden, im zukünftigen Erdleben wieder zum Ausdruck kommen.

So wie Sonne und Mond in derselben Bahn kreisen und miteinander eine Beziehung haben, so haben im Menschenwesen Vergangenheit und Zukunft, Menschenmondhaftes und Menschensonnenhaftes miteinander zu tun. Wir können dazu kommen, zu Sonne und Mond hinaufzuschauen und in ihnen nicht nur äußere Lichtkörper zu sehen, sondern in ihnen das zu sehen, was uns in den Weiten des Kosmos draußen unser eigenes Schicksal in seinem Ineinanderverwobenwerden abspiegelt. Wie zu gewissen Zeiten das Mondlicht am Morgen in das Sonnenlicht übergeht, wie das Mondlicht immer in das Sonnenlicht, das Sonnenlicht immer in das Mondlicht übergeht, so gehen in unseren

Schicksalen immer Vergangenheit und Zukunft ineinander über, sie verweben sich ineinander.

Im einzelnen Fall einer Menschenbeziehung verweben sie sich ineinander. Nehmen wir die Wege, die zwei Menschen durchgemacht haben, der eine durch 30 Jahre, der andere durch 25 Jahre. Sie treffen sich hier (s. Tafelzeichnung S. 116, mit roter Kreide). Das alles, was sie durchgemacht haben, der eine bis zum 25. Jahr, der andere bis zum 30. Jahr, das gehört dem Mondhaften im Menschen. Jetzt aber, indem sie sich kennenlernen, indem sie sich bewusst gegenübertreten, treten sie schicksalsmäßig in das Sonnenhafte ein. Sie verweben Vergangenheit und Gegenwart miteinander, um das Schicksal weiter zu weben bis hin zu künftigen Erdleben.

So sehen wir an der Art und Weise, wie das Schicksalhafte an den Menschen herantritt, wie in dem einen Fall Mensch auf Mensch nur auf den Verstand und auf den ästhetischen Sinn wirkt, im anderen Fall aber auf den menschlichen Willen und das mit dem Willen verbundene Gefühl.

So weit, als wir bisher die Dinge dargestellt haben – wie gesagt, wir wollen heute nur aphoristisch erzählen, um den Weg der Anthroposophie und den Weg ihrer Quelle, der Initiationswissenschaft, darzulegen –, so weit, als wir das bis jetzt dargestellt haben, so weit kann es durch unmittelbare Erkenntnis von jedem eingesehen werden. Wenn wir es auch heute nur kurz und aphoristisch getan haben, werden wir es in der Zukunft in allen Einzelheiten genau machen. Es kann jeder erkennend auf das Schicksal hinblicken. Jenes eigentümliche, innere-intime Herauftauchen des anderen

Menschen in einem selbst weist auf das vergangene Karma hin.

Wenn ich einen Menschen so empfinde, dass er mich innerlich ergreift, nicht nur in den Sinnen und im Verstand, sondern innerlich ergreift, sodass mein Wille daran engagiert ist, wie er mich erfasst, dann ist er aus der Vergangenheit karmisch mit mir verknüpft. Mit einem etwas feineren, intimeren Sinn kann der Mensch fühlen, wie ein anderer mit ihm karmisch verknüpft ist.

Wenn aber das eintritt, was auf einer gewissen Stufe beim Menschen kommen kann, wenn er das durchmacht, was ich in *Wie erlangt man Erkenntnisse der höheren Welten*? oder im zweiten Teil meiner *Geheimwissenschaft* beschrieben habe, dann erlebt er die ganze Sache noch in wesentlich anderer Weise. Wenn bei einem Menschen die Initiation eintritt, dann erlebt er den anderen Menschen, mit dem er karmisch verknüpft ist, nicht nur in der Art, dass er sich sagt: Er wirkt in meinem Willen, sondern er erlebt den anderen Menschen persönlich in sich.

Tritt jemand, der initiiert ist, einem anderen Menschen gegenüber, mit dem er karmisch verbunden ist, dann lebt dieser andere Mensch in ihm mit einer selbstständigen Sprache, mit selbstständigen Äußerungen und Offenbarungen. Er spricht zu ihm wie sonst ein Mensch zu ihm spricht, der neben ihm steht. Was sonst nur gefühlt wird im Willen, die karmische Verbindung, das tritt für den Initiierten so auf, dass der andere Mensch aus ihm selbst so spricht wie sonst ein neben ihm stehender Mensch. Für den mit Initiationswissenschaft Ausgestatteten bedeutet das karmische

Sich-Gegenübertreten: Der andere Mensch wirkt nicht nur auf seinen Willen, sondern er wirkt in ihm so stark, wie sonst ein neben ihm stehender Mensch wirkt. Es wird das, was sich sonst in einer unbestimmten, in einer bloß willens- und gemüthaften Weise für das gewöhnliche Bewusstsein ankündigt, es wird das für das höhere Bewusstsein zu einer vollen Konkretheit erhoben.

Sie werden sagen: Ja, dann geht aber derjenige, der initiiert ist, mit dem Bündel all der Leute in sich herum, mit denen er karmisch verbunden ist! Das werden Sie sagen – aber so ist es auch. Wirkliche Erkenntnis erlangen beruht nicht bloß darauf, dass man etwas mehr wissen lernt als die anderen Leute, aber gerade so redet wie diese, sondern es ist das Erwerben eines anderen Stückes Welt. Der Mensch, mit dem wir karmisch verbunden sind, geht nicht durch die Tore unserer Sinne in uns ein, sondern macht nur Eindrücke auf unsere Sinne und unseren Verstand. Wirkliche Erkenntnis kann nur aus dem Quell der Initiationswissenschaft gegeben werden. Will man also darüber reden, wie Karma in den Menschen wirkt, sodass ihr gegenseitiges Schicksal gezimmert wird, so muss man die Bekräftigung seiner Rede von dem Wissen hernehmen, wie die anderen Menschen in einem selbst reden, wie sie wirklich zu einem Stück des eigenen Menschen werden.

Stellt man das dann dar, so braucht es für den, der nicht initiiert ist, nichts Jenseitiges zu bleiben, sondern er kann sich sagen, und er wird sich bei gesundem Verstand sagen: Ich höre nicht den, der mit mir karmisch verbunden ist, in mir sprechen, aber ich fühle ihn. Ich fühle ihn in meinem

Willen, in der Art und Weise, wie mein Wille durch ihn aufgerüttelt wird. Und wir lernen diese Aufrüttelung des Willens verstehen. Wir lernen verstehen, was wir im gewöhnlichen Bewusstsein erleben, und was wir durch nichts anderes verstehen können als dadurch, dass wir es aus der Initiationswissenschaft schildern hören in seiner wahren, konkreten Bedeutung.

Worauf es mir aber heute ganz besonders ankommt, das ist dieses, dass das, was sonst in einer nebulosen Art in das Bewusstsein eintritt, dieses Gefühl von karmischer Verknüpftheit mit dem anderen, dass das für den Initiierten ein konkretes Erlebnis wird. Und so, wie wir das für das Karma, für das Schicksal des Menschen schildern können, so können wir es für all das schildern, was Initiationswissenschaft finden kann. Es kann noch manches andere dem Menschen ankündigen, wie er karmisch mit einem anderen verbunden ist.

Wenn wir das Leben betrachten, begegnen wir Menschen im Leben, von denen wir nicht träumen. Wir können lange mit ihnen zusammenleben, wir träumen nicht von ihnen. Anderen Menschen begegnen wir – wir kriegen sie aus dem Traum gar nicht wieder los. Kaum haben wir sie gesehen, so träumen wir schon in der nächsten Nacht von ihnen, und immer wieder treten sie in den Träumen auf. Träume sind das, was im Unterbewussten besonders figuriert. Menschen, von denen wir gleich träumen, wenn wir sie erleben, das sind sicher solche Menschen, mit denen wir karmisch verbunden sind. Menschen, von denen wir nicht träumen können, die nur einen oberflächlichen Eindruck auf unsere Sinne machen, ihnen begegnen wir im Leben, ohne dass wir karmisch mit ihnen verbunden sind.

Was in den Tiefen unseres Willens lebt, das ist wie ein wacher Traum. Für den Initiierten wird dieser wache Traum ein vollinhaltliches Bewusstsein. Daher hört er den Menschen, der karmisch mit ihm verbunden ist, aus sich sprechen. Und er gewöhnt sich auch an – selbstverständlich bleibt er immer vernünftig, sodass er nicht herumgeht und mit allen möglichen Leuten, die mit ihm sprechen, als Initiierter auch aus den anderen Menschen spricht –, aber er gewöhnt sich auch an, in ganz konkreter Weise die Menschen, die mit ihm karmisch verbunden sind und aus ihm sprechen, wie im Zwiegespräch richtig anzusprechen, auch wenn er ihnen nicht räumlich gegenübersteht, wobei Dinge zutage treten, die auch eine reale Bedeutung haben. Doch das sind Dinge, die ich dann in der Zukunft einmal schildern werde.

So können wir das menschliche Bewusstsein beim Hinaufschauen in die Weiten des Kosmos vertiefen, so können wir es vertiefen beim Hineinschauen in den Menschen. Und je mehr wir in den Menschen selbst hineinschauen, desto mehr lernen wir das verstehen, was in den Weiten des Kosmos ist. Wir sagen uns dann: Ich blicke nicht mehr in der Weise in die Gestirnwelt hinein, dass ich da nur leuchtende Scheiben oder Kugeln sehe, sondern es erscheint mir das, was im Kosmos draußen ist, als kosmisch gewobenes Schicksal. Die menschlichen Schicksale auf der Erde sind die Abbilder der kosmisch gewobenen Schicksale.

Und wenn wir wissen, dass sich in einem Weltkörper die Substanz ändert, wie sich die Substanz des Menschen austauscht, dann werden wir wissen, dass es gar keinen Sinn hat, von abstrakten Naturgesetzen zu reden.

Diese abstrakten Naturgesetze sind nützlich, aber nicht für die Erkenntnis. Man darf die Naturgesetze nicht als etwas ansehen, was Erkenntnis gibt. Es ist mit ihnen gerade so wie mit den Versicherungsgesellschaften. Man versichert dort sein Leben. Wodurch können solche Versicherungsgesellschaften bestehen? Dadurch, dass man eines Menschen wahrscheinliche Lebensdauer ausrechnet. Aus der Anzahl der Menschen, die von soundso viel 30-Jährigen das 55. Lebensjahr erreichen, kann man ausrechnen, wie viele Jahre es wahrscheinlich sind, dass ein 30-Jähriger noch lebt. Danach versichert man ihn. Und man kommt mit der Versicherung gut durch, das Versicherungsgesetz gilt.

Aber keinem Menschen würde es einfallen, das mit seinem inneren Wesen in Einklang zu bringen. Sonst müsste er sagen: Ich bin damals mit 30 Jahren so versichert worden, dass mein wahrscheinlicher Tod mit 55 Jahren eintritt; jetzt muss ich mit 55 Jahren sterben! Er wird niemals diese Konsequenz ziehen, trotzdem die Rechnung stimmt. Die Konsequenz bedeutet gar nichts für das wirkliche Leben.

Naturgesetze sind auch so errechnet. Sie sind gut dazu, dass wir die Naturkräfte technisch anwenden. Sie sind gut dazu, Maschinen zu machen, wie wir die Menschen nach Naturgesetzen versichern können. Aber in das Wesen der Dinge führen sie nicht hinein. In das Wesen der Dinge führt nur das Erkennen des Wesens selbst hinein.

Was die Astronomen an Naturgesetzen des Himmels ausrechnen, das ist wie die Versicherungsgesetze für das

Menschenleben. Was die Initiationswissenschaft über das Wesen dessen erkundet, was da als Sonne und Mond ist, das ist so, wie wenn ich den, der nach seiner Police lange gestorben sein müsste, 10 Jahre danach noch finde. Es lag in seinem Wesen, weiter zu leben.

Das wirkliche Geschehen hat gar nichts mit Naturgesetzen zu tun. Naturgesetze sind gut für die Anwendung der Naturkräfte, aber das Wesen muss durch Initiationswissenschaft erkannt werden.

Damit habe ich Ihnen den dritten der Vorträge gegeben, meine lieben Freunde, durch die ich nur andeuten will, wie der Ton in der Anthroposophie sein soll. Wir werden jetzt beginnen, die Konstitution des Menschen in etwas anderer Weise zu schildern, als es in meiner *Theosophie* gewesen ist, um eine anthroposophische Wissenschaft, eine anthroposophische Erkenntnis aus den Fundamenten heraus aufzubauen. Betrachten Sie die drei Vorträge, die ich bisher gehalten habe, als Probe, wie das Bewusstsein, das in das Wesen der Dinge hineinführt, anders spricht als das gewöhnliche Bewusstsein.[8]

---

8 Ich bitte Sie also am nächsten Mittwoch um 8 Uhr sich zu versammeln, damit ich dann über die weitere Konstitution der Gesellschaft spreche.

des festen Menschen, in den sich verwandelnden Gestalten des Flüssigkeitsmenschen, in dem, was den Menschen durchzieht als eine innere, im Gefühle erlebbare Musik, ihre physischen Gegenbilder hat. Das schönste Abbild dieser innerlichen Musik ist ja das Nervensystem. Das ist erst aus dem astralischen Leib heraus gebaut, aus der innerlichen Musik heraus gebaut. Daher das Nervensystem an einer bestimmten Stelle diese wunderbare Gestaltung zeigt:

Rückenmark, daran sich die verschiedenen Stränge gliedernd. Das alles gibt zusammen ein wunderbares musikalisches Gefüge, das fortwährend im Menschen wirkt, in das Haupt herauf wirkt.

Eine Urweisheit, die das Gefühl hat, die noch im Griechentum lebendig war, fühlte im Inneren des Menschen dieses wunderbare Instrument, das das ist, denn durch das ganze Rückenmark geht ja herauf die veratmete Luft. Die Luft, die wir einatmen, die zieht ein in den Rückenmarkskanal, schlägt herauf nach dem Gehirn. Diese Musik wird wirklich ausgeführt, ist da, nur bleibt sie dem Menschen unbewusst. Er findet dasjenige, was oben sich abstösst im Bewusstsein nur vor. Da ist es die Leier des Apollo, dieses innerliche Musikinstrument, das die instinktive Urweisheit noch erkannt hat im Menschen. Ich habe früher auf diese Dinge aufmerksam gemacht, allein ich will ja jetzt ein Resumé geben von dem, was im Laufe von 20 Jahren innerhalb unserer Gesellschaft entwickelt worden ist.

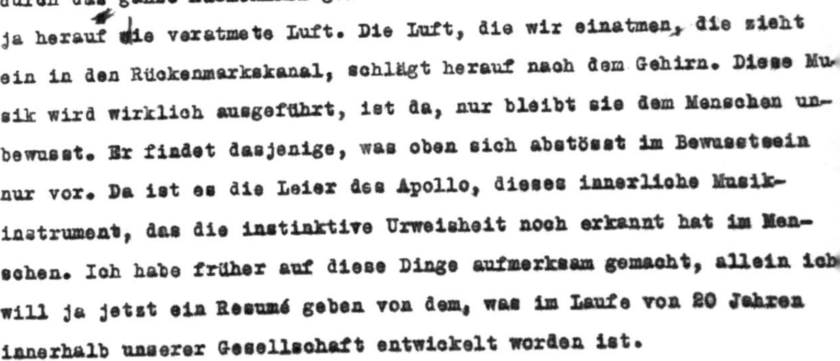

Morgen werde ich dann weiter schreiten zu dem vierten Gliede der

Vierter Vortrag

Der Wasser- und der Luftmensch

Vom Ätherisch-Lebendigen zum Astralisch-Seelischen

Dornach, 1. Februar 1924

Meine lieben Freunde!

Ich werde mit den mehr elementaren Betrachtungen, die ich in der letzten Zeit begonnen habe, heute nach einer gewissen Richtung hin fortfahren.

Wir haben in dem ersten Vortrag dieser Reihe darauf aufmerksam gemacht, dass von zwei Seiten her dem Menschen das innerliche Herzensbedürfnis erwächst, die Wege der Seele zur geistigen Welt hin zu finden, oder wenigstens zu suchen. Die eine Seite ist die, die von der äußeren Natur her kommt, die andere Seite ist die, die von der inneren Erfahrung, von den inneren Erlebnissen her kommt.

Wir wollen uns heute noch einmal in ganz elementarer Weise diese beiden Seiten des menschlichen Lebens vor Augen stellen, um zu sehen, wie im Unterbewussten Impulse wirken, die von da aus den Menschen in all das hineintreiben, was er aus dem Bedürfnis seines Lebens heraus an Erkenntnis anstrebt, was er an Künstlerischem anstrebt, was er an Religiösem anstrebt und so weiter.

Jeder kann den Gegensatz, der hier gemeint ist, an sich selbst in jedem Augenblick betrachten. Nehmen wir die ganz einfache Tatsache: Wir sehen uns selbst in irgendeinem

Teil unseres Körpers an, wir sehen unsere Hand an. Wir sehen unsere Hand genauso an, was das Anschauen, was die Erkenntnis betrifft, wie wir irgendeinen Kristall, irgendeine Pflanze, irgendetwas anderes in der Natur anschauen. So sehen wir durch eigene Anschauung einen Teil unseres physischen Menschen.

Indem wir diesen Teil unseres physischen Menschen sehen und mit dieser Anschauung durch das Leben gehen, finden wir jenes in das ganze menschliche Leben tragisch Eingreifende, von dem wir neulich gesprochen haben. Wir finden: Das, was wir da sehen, wird einmal Leichnam, wird etwas, von dem wir sagen müssen: Nimmt es die äußere Natur in sich auf, so hat diese äußere Natur nicht die Fähigkeit, nicht die Macht, etwas anderes damit zu tun, als es zu zerstören. Und in dem Augenblick, wo der Mensch innerhalb der physischen Welt Leichnam wird und dieser Leichnam in irgendeiner Form den Elementen übergeben wird, ist keine Rede mehr davon, dass in der menschlichen Gestalt all das Substanzielle, das wir an uns selbst anschauen können, hineingegossen bleibt, dass die menschliche Gestalt erhalten bleibt.

Nehmen wir all die Naturkräfte zusammen, die wir zum Inhalt irgendwelcher Wissenschaft machen können – all diese Naturkräfte sind einzig und allein imstande, den Menschen zu zerstören, niemals aufzubauen. Jede vorurteilsfreie Betrachtung, die nicht aus der Theorie heraus, sondern aus der Erfahrung des Lebens heraus geholt ist, führt dazu, sich zu sagen: Wir schauen um uns herum die Natur, die wir begreifen – wir wollen jetzt nicht von dem reden, was durch äußeres Erkennen nicht zu begreifen ist, wir schauen die Natur, insofern sie zu begreifen ist. Wir sind als Mensch in der neueren Zeit so stolz darauf geworden, das, was wir durch unsere Erkenntnis der Natur erhalten, als die Summe der Naturkräfte anzusehen. Wir fühlen uns als heutige zivilisierte Menschheit ungemein fortgeschritten, indem wir soundso viele Naturkräfte kennengelernt haben.

Das Reden von Fortschritt ist berechtigt, aber es ist doch so, dass all diese Naturkräfte in ihrer Wirkungsweise nur die Möglichkeit haben, den Menschen zu zerstören, niemals ihn zu bilden. Durch Hinausschauen in die Welt gibt die menschliche Erkenntnis keine Möglichkeit, etwas anderes zu erhalten, als die den Menschen zerstörenden Naturkräfte. Das ist, in etwas einfacher Weise ausgesprochen, was wir neulich gesagt haben.

Jetzt blicken wir in unser Inneres. Wir erleben das, was wir unser Seelenleben nennen. Wir erleben unser Denken, das mit einer ziemlichen Klarheit vor unserer Seele steht, wir erleben unser Fühlen, das schon weniger klar vor unserer Seele steht, und wir erleben unser Wollen, das mit voller Unklarheit vor unserer Seele steht. Kein Mensch kann mit dem gewöhnlichen Bewusstsein davon sprechen, dass er eine Erkenntnis von dem hat, wie die Absicht, irgendeinen Gegenstand zu ergreifen, in diesen ganz komplizierten Organismus von Muskeln und Nerven hinunterwirkt, um Arme und Hände dazu zu bewegen, den Gegenstand zu ergreifen. Was da in unseren Organismus hineinarbeitet, vom Gedanken ausgehend bis zu dem, dass wir wieder den Gegenstand ergriffen sehen, das ist in völliges Dunkel gehüllt.

Aber es wirkt in uns ein unbestimmter Impuls herauf, der uns sagt: Ich will das ergreifen. Dadurch schreiben wir uns auch das Wollen zu. Wir sagen von unserem Seelenleben, wenn wir in uns hineinschauen: Wir tragen in uns ein Denken, ein Fühlen und ein Wollen.

Aber jetzt kommt die andere Seite, die wieder ins Tragische hineinführt. Es kommt das, dass wir sehen: Mit jedem Schlaf versinkt dieses ganze Seelenleben des Menschen, und es entsteht jedes Mal beim Aufwachen neu. Wenn wir einen Vergleich gebrauchen wollen, können wir sagen: Dieses Seelenleben ist wie eine Flamme, die wir anzünden und dann wieder auslöschen.

Aber wir sehen noch mehr. Wir sehen, dass mit gewissen Störungen in unserem Organismus dieses Seelenleben mit zerstört wird. Wir sehen dieses Seelenleben von der Entwicklung des körperlichen Organismus abhängig. Im kleinen Kind ist es traumhaft vorhanden, es wird allmählich heller und heller, aber dieses Hellerwerden des Seelenlebens hängt ganz mit der Entwicklung des körperlichen Organismus zusammen. Und wenn wir alt werden, wird es wieder schwächer. Das Seelenleben hängt weiterhin mit der Entwicklung des Organismus zusammen – jetzt mit der Dekadenz des Organismus.

Wir sehen also, dass das Seelenleben immer wieder aufflammt und abglimmt. Und so gewiss wir auch sagen: Das, was wir da als seelisches Leben haben, hat ein Eigenleben, hat ein Eigendasein – obwohl es in seinen Erscheinungen von dem physischen Organismus abhängig ist –, so ist das noch nicht alles, was wir über dieses Seelenleben sagen können.

Dieses Seelenleben hat einen Einschlag, der vor allen Dingen dem Menschen wertvoll sein muss im Leben, denn von diesem Einschlag hängt sein ganzes Menschentum, seine menschliche Würde ab. Das ist der moralische Einschlag.

Wir können noch so weit in der Natur herumgehen – moralische Gesetze können wir aus der Natur nicht gewinnen. Die moralischen Gesetze müssen ganz innerhalb des Seelischen erlebt werden. Aber sie müssen ganz innerhalb des Seelischen auch befolgt werden. Es muss eine Auseinandersetzung bloß im Inneren des Seelischen sein. Wir müssen es als eine Art Ideal des Moralischen sehen, dass wir als Menschen Moralprinzipien folgen, die uns nicht von außen aufgedrängt werden.

Sodass wir sagen müssen: Es gibt in uns das, was uns Triebe, Instinkte, Leidenschaften, Emotionen und so weiter aufdrängen; wir müssen dies und jenes verrichten, wir können nicht ein abstraktes Wesen sein, das bloß moralischen Gesetzen folgt. Das Moralische beginnt erst, wenn diese Emotionen, Triebe, Instinkte, Leidenschaften, Temperamentsausbrüche und so weiter unter die Herrschaft dessen gebracht werden, was einer rein seelischen Auseinandersetzung mit rein geistig erfassten moralischen Gesetzen entspricht. In dem Augenblick, wo wir uns unserer menschlichen Würde recht bewusst werden und fühlen, dass wir nicht wie ein Wesen sein können, das nur von der Notwendigkeit getrieben wird, da erheben wir uns in eine Welt, die eine ganz andere ist als die natürliche Welt.

Und was das Beunruhigende ist, was immer dazu geführt hat, seitdem eine menschliche Entwicklung besteht, über das unmittelbar sichtbare Leben hinauszustreben, das rührt – so sehr dabei unter- oder unbewusste Momente mitspielen können –, das rührt von diesem Gegensatz her, dass wir uns auf der einen Seite als körperliches Wesen anschauen – aber dieses körperliche Wesen einer Natur angehörig sehen, die es nur zerstören kann –, und dass wir uns auf der anderen Seite innerlich als ein seelisches Wesen erleben, das auf- und abglimmt. Dieses seelische Wesen aber, das auf- und abglimmt, ist auf der anderen Seite verbunden mit unserem Wertvollsten, mit dem moralischen Einschlag.

Und es ist nur einer ganz tiefen Unehrlichkeit unserer Zivilisation zuzuschreiben, wenn die Menschen sich in einer furchtbaren Illusion über das hinwegsetzen, was in diesem Gegensatz zwischen dem Anschauen des Äußeren und dem Erleben des Inneren besteht.

Hebt sich der Mensch auch nur ein wenig über das Eingezwängtsein in jene Fäden, in jene Maschen, in die wir heute durch unsere Erziehung hineingezwängt werden, dadurch, dass unsere Erziehung zu einem ganz bestimmten Ziel hin tendiert, hebt sich der Mensch auch nur ein wenig über dieses Eingezwängtsein, dann kommt er gleich dazu, sich zu sagen: Du trägst, o Mensch, in dir dein Seelenleben, dein Denken, dein Fühlen und dein Wollen. Das hängt mit jener Welt zusammen, die dir vor allem wertvoll sein muss, mit der moralischen Welt – und mit dem, womit diese moralische Welt zusammenhängt, mit dem religiösen Quell alles Seins. Aber das, was du als Seelenleben hast, als eine innerliche Auseinandersetzung mit dir selbst hast, wo ist es, während du schläfst?

Man kann natürlich über diese Dinge philosophisch fantasieren oder fantastisch philosophieren. Dann kann man sagen: Der Mensch hat in seinem Ich, das heißt in dem gewöhnlichen Ich-Bewusstsein, eine sichere Grundlage. Das beginnt bei dem heiligen Augustinus so zu denken, das setzt sich über Cartesius (René Descartes) fort. Das gewinnt einen etwas koketten Ausdruck im Bergsonianismus (bei Henri Bergson) der Gegenwart. Aber jeder Schlaf widerlegt das. Denn von dem Augenblick, wo wir einschlafen, bis zu dem Augenblick, wo wir aufwachen, verfließt eine Zeit für uns. Wenn wir im wachen Zustand auf sie zurückschauen, so ist das Ich als ein Erlebnis in dieser Zeit nicht da. Es ist ausgelöscht. Und das, was da ausgelöscht ist, hängt mit dem Wertvollsten zusammen, mit dem moralischen Einschlag in unserem Leben.

Sodass wir sagen müssen: Das, wovon wir in brutaler Weise überzeugt sind, dass es da ist, unser Leib, das ist aus der Natur heraus. Aber die Natur hat nur die Macht, ihn zu zerstören, auseinanderzustieben. Das, was wir von der anderen Seite erfahren, unser eigenes Seelenleben, das entschlüpft uns in jedem Schlaf, das ist von dem Aufstieg und Abstieg unserer Leiblichkeit abhängig. Sobald wir uns ein wenig über den Lebenswiderspruch erheben, in den der heutige Zivilisationsmensch durch seine Erziehung versetzt ist, sehen wir sofort ein – mögen noch so viele unter- oder unbewusste Elemente da mitspielen –, sehen wir sofort ein, dass alles religiöse Streben, alles künstlerische Streben, überhaupt alles höhere Streben des Menschen durch die ganze menschliche Entwicklung hindurch an diesem Gegensatz hängt.

Millionen und Abermillionen Menschen machen sich das nicht klar. Aber es ist nötig, dass sich der Mensch das, was für ihn zum Lebensrätsel wird, immer klarer macht. Wenn die Menschen von dem leben sollten, was sie sich klarmachen, so würden sie bald sterben. Der größte Teil des Lebens verfließt in dem, was aus unklaren, unterbewussten Tiefen in die allgemeine Lebensstimmung heraufffließt. Wir dürfen nicht sagen, meine lieben Freunde, dass nur derjenige die Lebensrätsel empfindet, der sie in einer intellektuell klaren Weise formuliert, der einem auf dem Präsentierteller sagt: Erstes Lebensrätsel, zweites Lebensrätsel, und so weiter. Auf solche Menschen ist das Allerwenigste zu geben. Tief unten bewegt sich das, was die Lebensrätsel sind, die erlebt werden.

Da kommt irgendein Mensch. Er hat dies und jenes vielleicht sehr Alltägliches zu sagen. Aber er spricht so, dass er mit der Zuversicht, aus seinem Sprechen etwas für das Leben zu erreichen, nicht froh wird. Er will etwas, dann will er es wieder nicht. Er kommt nicht zum Entschluss. Er fühlt sich nicht recht wohl bei dem, was er selbst denkt. Ja, woher kommt das?

Das kommt daher, dass er keine Sicherheit in den unterbewussten Tiefen seines Wesens über die Grundlage des Menschenwesens und der Menschenwürde hat. Er fühlt die Lebensrätsel, und das, was er fühlt, kommt aus dem polarischen Gegensatz heraus, den wir charakterisiert haben: Der Mensch kann sich auf der einen Seite nicht an die Leiblichkeit, er kann sich auf der anderen Seite nicht an die Geistigkeit halten, wie er beide erlebt. Denn die Geistigkeit wird ihm klar als etwas, was fortwährend auf- und abglimmt, und die Leiblichkeit wird ihm klar als etwas, was aus der Natur stammt, was aber von der Natur nur zerstört werden kann.

So steht der Mensch da: Auf der einen Seite schaut er nach außen auf seinen physischen Leib: Sein physischer Leib gibt ihm fortwährend das eine Rätsel auf. Auf der anderen Seite schaut er auf sein Seelisch-Geistiges, und dieses Seelisch-Geistige gibt ihm fortwährend das andere Rätsel auf.

Und dabei ist das größte Rätsel dieses: Wenn ich einen moralischen Impuls in mir empfinde und meine Beine in Bewegung setze, um irgendetwas zur Realisierung dieses moralischen Impulses zu tun, so komme ich in die Lage, aus dem moralischen Impuls heraus meinen Körper zu bewegen. Ich habe einen moralischen Impuls, sagen wir den Impuls eines Wohlwollens. Ich erlebe diesen Impuls eines Wohlwollens rein seelisch, er wird zunächst rein seelisch erlebt. Wie dieser Impuls des Wohlwollens, der rein seelisch erlebt wird, in die Körperlichkeit hinunterschießt, ist für das gewöhnliche Bewusstsein nicht zu durchschauen. Wie kommt ein moralischer Impuls dazu, Muskel und Knochen in Bewegung zu setzen?

Man kann eine solche Auseinandersetzung als theoretisch empfinden. Man kann sagen: Das überlassen wir den Philosophen, die werden darüber schon nachdenken! Gewöhnlich macht es die heutige Zivilisation so, dass sie diese Frage den Denkern überlässt und dann das, was die Denker sagen, verachtet oder wenigstens gering schätzt. Dabei wird nur der menschliche Kopf froh, das menschliche Herz wird nicht froh. Das menschliche Herz empfindet dabei eine nervöse Unruhe, es kommt nicht zu irgendeiner Lebensfreude, zu einer Lebenssicherheit und Lebensgrundlage.

Von der Art des Denkens, die die Menschheit seit dem ersten Drittel des 15. Jahrhunderts angenommen hat, die so großartige Erfolge auf dem Gebiet der Naturwissenschaft errungen hat, von diesem Denken aus kommt man nicht dazu, irgendetwas beizutragen, diese beiden Rätsel zu durchdringen: die Rätselhaftigkeit des menschlichen physischen Leibes und die Rätselhaftigkeit der menschlichen Seelenerfahrungen. Man kommt nicht dazu.

Gerade aus einer klaren Einsicht in diese Rätsel kommt Anthroposophie und sagt: Das Denken, wie es sich in der Menschheit herausgebildet hat, ist machtlos gegenüber der Wirklichkeit. Wir mögen noch so viel denken – wir können mit unserem Denken nicht im Geringsten in das äußere Naturgeschehen eingreifen. Aber mit unserem bloßen Denken können wir auch nicht in unseren eigenen Willensorganismus eingreifen. Wir müssen die ganze Machtlosigkeit dieses Denkens gründlich empfinden, dann werden wir den Impuls erhalten, über dieses Denken hinauszugehen. Dann kommen wir darauf, dass im Menschen der Antrieb entstehen muss, über dieses gewöhnliche Denken hinauszugehen.

Aber wir können nicht durch Fantasterei hinausgehen, wir können auch nicht von irgendeinem anderen Element aus anfangen, über die Welt nachzudenken, als vom Denken. Und wenn das gewöhnliche Denken ungeeignet ist, dann handelt es sich darum, dass wir durch die Lebensnotwendigkeit dazu kommen, von diesem Denken aus einen

Weg zu finden, durch den sich das Denken tiefer in das Sein, tiefer in die Wirklichkeit hineinbohrt. Dieser Weg bietet sich durch das, was in meinem Buch *Wie erlangt man Erkenntnisse der höheren Welten?* als die Meditation beschrieben ist.

Wir wollen uns dies heute nur skizzenhaft vor die Seele stellen, denn wir wollen die Skizze eines anthroposophischen Gebäudes in ganz elementarer Art liefern. Wir wollen wieder mit dem anfangen, mit dem wir vor zwanzig Jahren angefangen haben.

Die Meditation besteht darin, das Denken in anderer Weise zu erleben, als man es gewöhnlich erlebt. Heute erlebt der Mensch das Denken so, dass er sich von außen anregen lässt. Er gibt sich der äußeren Wirklichkeit hin. Indem er sieht, hört, greift und so weiter, merkt er, wie das Aufnehmen von äußeren Eindrücken sich im Erleben in Gedanken fortsetzt. Er verhält sich passiv in seinen Gedanken. Er gibt sich der Welt hin, und die Gedanken kommen ihm. Auf diese Weise kommt er nie weiter.

Es handelt sich darum, dass wir beginnen, das Denken selbst zu erleben. Das tun wir, indem wir einen überschaubaren Gedanken nehmen, diesen leicht überschaubaren Gedanken im Bewusstsein gegenwärtig sein lassen und das ganze Bewusstsein auf diesen überschaubaren Gedanken konzentrieren. Es ist ganz gleichgültig, was dieser Gedanke für die äußere Welt bedeutet. Das, worauf es ankommt, ist lediglich, dass wir das Bewusstsein mit Außerachtlassung von allem anderen Erleben auf diesen einen Gedanken konzentrieren.

Ich sage, es muss ein überschaubarer Gedanke sein. Ich wurde einmal von einem sehr gelehrten Mann gefragt, wie man meditiert. Ich gab ihm einen furchtbar einfachen Gedanken. Ich sagte ihm, es kommt nicht darauf an, ob der Gedanke irgendeine äußere Realität bedeutet. Er soll denken: Weisheit ist im Licht. Er soll immer wieder seine ganze Seelenkraft dazu verwenden, zu denken: Weisheit ist im Licht. Ob das wahr oder falsch ist, darauf kommt es nicht an. Es kommt ebenso wenig darauf an, wenn wir unseren Arm anstrengen, immer wieder anstrengen, um etwas in Bewegung zu setzen, ob das ein bedeutendes Ding oder ein Spielzeug ist. Wir verstärken dadurch unsere Armmuskeln, gleichgültig, ob es ein weltbewegendes Ding oder ein Spielzeug ist.

So verstärken wir unser Denken, indem wir uns dazu anstrengen, immer wieder diese Tätigkeit auszuüben, gleichgültig, was der Gedanke bedeutet. Wenn wir uns immer wieder seelisch anstrengen, einen Gedanken im Bewusstsein gegenwärtig zu halten und das ganze Seelenleben darauf konzentrieren, verstärken wir unser Seelenleben, wie wir die Muskelkraft unseres Armes verstärken, wenn wir sie immer wieder auf dieselbe Tätigkeit konzentrieren.

Aber wir müssen einen leicht überschaubaren Gedanken haben. Denn haben wir den nicht, so sind wir allen möglichen Rankünen der eigenen Organisation ausgesetzt. Man glaubt gar nicht, wie stark die suggestive Kraft ist, die von Reminiszenzen des Lebens und dergleichen herkommt. In dem Augenblick, wo wir einen komplizierteren Gedanken fassen, kommen gleich von allen möglichen Seiten dämonische Gewalten, die uns dies und jenes ins Bewusstsein hineinsuggerieren. Wir können nur sicher sein, dass wir mit voller Besonnenheit in der Meditation leben – mit derselben Besonnenheit, mit der wir sonst im Leben so stehen, dass wir ein vollbewusster Mensch sind –, wenn wir einen ganz überschaubaren Gedanken haben, in dem nichts anderes drinsteckt als das, was wir gedanklich erleben.

Wenn wir die Meditation so einrichten, mögen alle möglichen Leute sagen: Du unterliegst einer Autosuggestion!, und dergleichen – das ist alles unsinniges Zeug. Es hängt alles davon ab, ob man es dahin bringt, einen überschaubaren Gedanken zu haben oder ob man einen Gedanken hat, der durch unterbewusste Impulse in einem wirkt. Es hängt alles davon ab – ich habe das oftmals gesagt –, ob ein Mensch die Fähigkeit dazu hat. Bei dem einen dauert es lange, bei dem anderen kurz. Aber der Mensch kommt durch eine solche Konzentration dazu, sein Seelenleben, insofern es denkendes Seelenleben ist, zu verstärken, in sich zu erkraften.

Und das Ergebnis wird nach einiger Zeit dieses sein, dass der Mensch sein Denken nicht so erlebt, wie er es im gewöhnlichen Bewusstsein erlebt. Im gewöhnlichen Bewusstsein erlebt der Mensch seine Gedanken so, dass sie machtlos dastehen. Es sind nur Gedanken. Durch eine solche Konzentration kommt der Mensch dazu, die Gedanken so zu erleben wie ein innerliches Sein, wie er die Spannung eines Muskels erlebt, wie er das Ausgreifen erlebt, um einen Gegenstand zu erfassen. Das Denken wird in ihm eine Realität. Er erlebt, indem er sich mehr und mehr ausbildet, einen zweiten Menschen in sich, von dem er vorher nichts wusste. Er erlebt einen zweiten Menschen in sich.

Und dann kommt für den Menschen der Augenblick, wo er sich sagt: Ich bin ein Mensch, der sich äußerlich anschauen kann, wie man die Dinge der Natur äußerlich anschaut. Ich fühle innerlich sehr dunkel meine Muskelspannungen, aber ich weiß nicht, wie meine Gedanken in diese Muskelspannungen hinunterschießen. Aber wenn ich mein Denken verstärke, dann fühle ich das erkraftete Denken in meinem Wesen rinnen, strömen, pulsieren. Ich fühle einen zweiten Menschen in mir.

Aber dies ist noch eine abstrakte Bestimmung, meine lieben Freunde. Die Hauptsache ist, dass in dem Augenblick, wo wir diesen zweiten Menschen in uns fühlen, die außerirdischen Dinge beginnen, uns so anzugehen, wie uns vorher nur die irdischen Dinge angegangen sind – ich meine die räumlich außerirdischen Dinge. In dem Augenblick, wo wir fühlen, dass der Gedanke innerliches Leben wird, wo wir das Denken wie die Atemzüge rinnen fühlen, wenn wir auf sie aufmerksam sind, in dem Augenblick fühlen wir in unserer ganzen Menschlichkeit etwas Neues.

Vorher haben wir gefühlt: Ich stehe auf meinen Beinen, da unten ist der Boden. Der Boden trägt mich. Wäre der Boden nicht da, würde die Erde mir nicht einen Boden bieten, müsste ich ins Bodenlose versinken. Ich stehe auf etwas. Nachher, wenn wir das Denken in uns erkraftet haben und den zweiten Menschen in uns fühlen, dann beginnt für uns der Augenblick, wo wir uns besonders für diesen zweiten Menschen interessieren. Es beginnt das, was uns auf der Erde umgibt, uns nicht mehr so stark wie vorher zu interessieren.

Nicht als ob wir ein Träumer, ein Schwärmer werden würden. Wir werden es nicht, wenn wir in einer klaren und ehrlichen Weise zu solchen Stufen der Erkenntnis vorrücken. Wir kommen ganz gut mit aller Lebenspraxis in die Welt des gewöhnlichen Lebens wieder zurück. Wir werden nicht ein Fantast, der sagt: Ach, ich habe die geistige Welt kennengelernt, die irdische ist minderwertig, wesenlos, ich beschäftige mich nur mit der geistigen Welt! Bei einem wirklichen geistigen Weg werden wir nicht so, sondern wir lernen erst recht das äußere Leben schätzen, wenn wir wieder in dasselbe zurückkehren.

Die Momente, wo wir aus demselben herausgehen in der Art, wie wir es geschildert haben, und wo sich das Interesse an den zweiten Menschen heftet, den wir in uns entdeckt haben, diese Momente können ohnedies nicht lange festgehalten werden. Werden sie in innerlicher Ehrlichkeit festgehalten, dann gehört eine große Kraft dazu, und diese Kraft können wir nur durch eine gewisse Zeit, die nicht sehr lange ist, auf einmal aufrechterhalten.

Aber dieses Hinlenken des Interesses auf den zweiten Menschen ist damit verbunden, dass uns die räumliche Umgebung der Erde so wertvoll zu werden beginnt, wie sonst das, was hier unten auf der Erde ist. Wir wissen, dass der Erdboden uns trägt. Wir wissen, dass die Erde aus ihren verschiedenen Naturreichen uns die Substanzen gibt, die wir essen müssen, damit der Leib fort und fort die Anregung erhält, die er durch die Nahrung braucht. Wir wissen, dass wir auf diese Weise mit der irdischen Natur zusammenhängen.

Geradeso, wie wir in den Garten gehen müssen, um uns dort ein paar Kohlköpfe zu pflücken, sie zu kochen, damit wir sie essen, wie das notwendig ist, was da draußen im Garten ist, wie es einen Zusammenhang mit dem hat, was wir als erster Mensch, als physischer Mensch sind, geradeso lernen wir jetzt erkennen, was uns der Sonnenstrahl ist, was uns das Mondlicht ist, was uns all das ist, was Sternengefunkel um die Erde herum ist. Wir erlangen die Fähigkeit, über das, was räumlich um die Erde herum ist, nach und nach so zu denken, wie wir vorher mit unserem ersten, physischen Menschen über seine physische Umgebung gedacht haben.

Und wir sagen uns: Das, was du da in dir als Muskeln und Knochen, als Lunge, Leber und so weiter trägst, das hängt mit dem Kohlkopf oder dem Fasanen und so weiter zusammen, die da draußen in der Natur sind. Das aber, was du jetzt als zweiten Menschen in dir trägst, was du dir durch die Verstärkung deines Denkens zum Bewusstsein gebracht hast, das hängt mit Sonne und Mond, mit dem ganzen Sternengefunkel zusammen, das hängt mit der räumlichen Umgebung der Erde zusammen.

Wir werden mit der räumlichen Umgebung der Erde vertraut, wie wir als gewöhnlicher Mensch mit der irdischen Umgebung vertraut sind. Wir gewinnen eine zweite Welt, eine zweite räumliche Welt. Wir lernen uns ebenso als einen Bewohner der Sternenwelt einschätzen, wie wir uns vorher als einen Bewohner der Erde eingeschätzt haben.

Vorher haben wir uns nicht als einen Bewohner der Sternenwelt eingeschätzt, denn die Wissenschaft, die nicht bis zum Erkraften des Denkens geht, bringt es nicht dazu, dem Menschen das Bewusstsein beizubringen, dass er in seinem zweiten Menschen einen solchen Zusammenhang mit der räumlichen Erdumgebung hat, wie er ihn als physischer Mensch mit der physischen Erde hat. Das kennt sie nicht, sie errechnet nur alles. Was aber selbst die Rechnung der Astrophysik zutage fördert, das liefert nur Dinge, die den Menschen nichts angehen, die höchstens seine Wissbegierde befriedigen.

Denn was hat es für eine Bedeutung für den Menschen, für das, was der Mensch innerlich erlebt, wenn er weiß, wenn er sich denkt, wie der Spiralnebel in dem Jagdhund entstanden ist und wie er noch heute in seinen Gestaltungen verläuft? Es geht das den Menschen nichts an. Der Mensch steht zur Sternenwelt so, wie irgendein leibfreies Wesen zu der Erdwelt stehen würde, das von irgendwoher käme und sich auf der Erde aufhielte, das keine Nahrung zu nehmen bräuchte, die Erde nicht zum Gehen bräuchte und so weiter.

Der Mensch wird aus einem bloßen Erdbürger zu einem Weltbürger, wenn er sein Denken erkraftet.

Und jetzt entsteht ein ganz bestimmter Bewusstseinsinhalt. Es entsteht der Bewusstseinsinhalt, der sich in der folgenden Weise charakterisieren lässt. Wir sagen uns: Dass es Kohlköpfe gibt, dass es Getreide da draußen gibt, das ist wichtig für mich, das ist gut für mich, weil es mir den physischen Leib aufbaut – wenn wir diesen Ausdruck, der nicht ganz richtig ist, jetzt nach der allgemeinen Anschauung gebrauchen dürfen. Das baut mir meinen physischen Leib auf. Ich konstatiere einen Zusammenhang zwischen dem, was da draußen in den verschiedenen Reichen der Natur ist, und meinem physischen Leib.

Mit dem erkrafteten Denken beginnen wir einen ebensolchen Zusammenhang zu konstatieren zwischen unserem zweiten Menschen, der in uns lebt, und dem, was uns im außerirdischen Raum umgibt. Wir sagen uns jetzt: Wenn ich in der Nacht hinausgehe und mich meiner gewöhnlichen Augen bediene, sehe ich nichts. Wenn ich bei Tag hinausgehe, macht mir das außerirdische Sonnenlicht alle Gegenstände sichtbar. Ich sehe nichts, wenn ich ohne Sonne mich bloß auf die Erde beschränke. Durch die Sonne weiß ich: Da ist ein Kohlkopf, dort ist ein Quarzkristall. Ich sehe beides durch das Sonnenlicht, aber ich interessiere mich auf der Erde nur für den Unterschied zwischen dem Kohlkopf und dem Quarzkristall.

Jetzt aber beginnen wir zu wissen: Ich bin selbst als ein zweiter Mensch aus dem gemacht, was mir den Kohlkopf und den Quarzkristall sichtbar macht. Das ist ein ganz bedeutsamer Sprung, den wir in unserem Bewusstsein machen. Es ist eine völlige Metamorphose des Bewusstseins.

Und von da an beginnt das, dass wir uns sagen: Stehst du auf der Erde, so siehst du das Physische, das mit deinem physischen Menschen zusammenhängt. Erkraftest du dein Denken, so wird das außerirdische räumliche Dasein eine Welt, die dich angeht, die den zweiten Menschen angeht, den du erst in dir entdeckt hast – ebenso, wie vorher das Physische der Erde für dich eine Welt war, die dich angeht. Dann schreibst du dem kosmischen Äther, durch dessen Wirkungen die irdischen Dinge erst sichtbar werden, dann schreibst du dem kosmischen Äther dein zweites Dasein zu, so wie du der physischen Erde den Ursprung deines physischen Leibes zuschreibst.

Und du sprichst jetzt aus eigener Erfahrung so, dass du sagst: Ich habe einen physischen Leib und ich habe einen ätherischen Leib. Es macht nicht den Inhalt einer wirklichen Erkenntnis, wenn ich bloß systematisiere und den Menschen aus verschiedenen Gliedern bestehend denke, sondern es macht erst dann eine wirkliche Erkenntnis, wenn ich die ganze Metamorphose des Bewusstseins ins Auge fasse, die dadurch entsteht, dass ich einen solchen zweiten Menschen in mir entdecke.

Ich strecke meinen physischen Arm aus, und meine physische Hand greift einen Gegenstand. Ich fühle die Strömung, die da greift. Durch das erkraftete Denken fühle ich den Gedanken, wie er in sich beweglich eine Art Tasten im Menschen bewirkt, eine Art Tasten, das auch in einem Organismus lebt, in dem ätherischen Organismus, in einem feineren, übersinnlichen Organismus, der ebenso da ist wie der physische Organismus, der nur nicht mit dem Irdischen zusammenhängt, der mit dem Außerirdischen zusammenhängt.

Dann kommt der Augenblick, wo wir genötigt sind, wieder um eine Stufe tiefer in uns hinunterzusteigen. Durch ein solches imaginatives Denken, wie wir es beschrieben haben, kommen wir dazu, das innerliche Ertasten eines zweiten Menschen in uns zu fühlen. Wir kommen auch dazu, das mit den Weiten des Weltäthers im Zusammenhang zu sehen, wobei wir uns unter diesen Worten nichts anderes vorstellen sollten als das, wovon wir eben geredet haben, nicht von anderswoher einen Inhalt nehmen sollten. Aber wir sind jetzt genötigt, um weiterzukommen, wieder zu dem gewöhnlichen Bewusstsein zurückzukehren.

Da liegt es uns nahe, wenn wir an den physischen Leib des Menschen denken, in der Art, wie wir es eben beschrieben haben, uns zu fragen: Wie steht dieser physische Leib des Menschen zu der Umgebung? Er steht ganz zweifellos in einer Beziehung zu der physischen Erdumgebung, aber *wie* steht er zu dieser physischen Erdumgebung in einer Beziehung?

Wenn wir den Leichnam nehmen, der ein getreues Abbild des physischen Menschen während des Lebens ist, dann sehen wir in scharfen Konturen Leber, Milz, Niere, Herz, Lunge, Knochen, Muskeln und Nervenstränge. Das kann man zeichnen, das hat scharfe Konturen. Dadurch ist es ähnlich dem Festen, ähnlich dem, was in festen Formen vorkommt. Aber mit diesem Konturierten im menschlichen Organismus hat es eine besondere Bewandtnis. Es gibt nichts Trügerischeres als jene Handbücher, die heute von Anatomie oder Physiologie handeln, denn die Menschen kommen da zu der Ansicht: Das ist die Leber, das ist das Herz und so weiter. Sie sehen das alles in scharfen Konturen und stellen sich vor, das alles sei etwas, bei dem die scharfe Konturiertheit das Wesentliche ist. Sie stellen sich den menschlichen Organismus wie ein Konglomerat von festen Dingen vor.

Das ist er aber gar nicht, das ist er höchstens zu zehn Prozent. Die übrigen neunzig Prozent sind nichts Festes im menschlichen Organismus, sind flüssig oder sogar luftförmig. Der Mensch ist mindestens zu neunzig Prozent eine Wassersäule, wenn er lebt, sodass wir sagen können: Der Mensch gehört seinem physischen Leib nach der festen Erde an, er gehört dem an, was die älteren Denker im Besonderen «Erde» genannt haben. Aber dann beginnt das, was im Menschen flüssig ist. Und wir werden auch in der äußeren Wissenschaft nicht eher zu einer vernünftigen Anschauung über den Menschen kommen, ehe wir nicht den festen Menschen und dann wieder für sich den Flüssigkeitsmenschen unterscheiden, dieses innerliche Wogen und Weben, in dem es wie in einem kleinen Meer ausschaut.

Einen Einfluss auf den Menschen hat das Irdische nur in Bezug auf das, was in ihm fest ist. Auch draußen in der Natur können wir sehen, wie da, wo das Flüssige beginnt, sofort eine innere Gestaltungskraft auftritt, die mit einer sehr großen Einheitlichkeit wirkt. Nehmen wir das gesamte Flüssige unserer Erde, ihr Wasser: Es ist ein einziger großer Tropfen (s. Tafelzeichnung S. 117, weißer Kreis rechts). Wenn sich das Wasser frei gestalten kann, wird es tropfenförmig, überall wird das Flüssige tropfenförmig. Was erdig ist, was heute fest ist, tritt in bestimmten Gestalten auf, die wir als besondere Gestalten erkennen können. Das Flüssige aber hat immer das Bestreben, tropfig zu werden – ich meine nicht seelisch tropfig –, es hat das Bestreben, physisch tropfig zu werden, die Kugelform anzunehmen.

Und woher kommt das? Wenn wir den Tropfen studieren, sei er klein oder erdgroß, so finden wir überall: Der Tropfen ist ein Abbild des ganzen Weltalls. Selbstverständlich ist das nach heutigen gewöhnlichen Begriffen falsch, aber es ist dem Anblick nach so, und wir werden in der nächsten Zeit sehen, dass dieser Anblick berechtigt ist. Es ist dem Anblick nach so: Das Weltall erscheint uns wie eine Hohlkugel, in die wir hineinschauen (s. Tafelzeichnung S. 117, links). Jeder Tropfen, sei er klein oder groß, erscheint uns als eine Spiegelung des Weltalls selbst. Ob wir den Regentropfen oder das ganze Erdgewässer nehmen: Wir sehen an der Oberfläche ein Bild des Weltalls.

Sobald wir ins Flüssige hineinkommen, können wir dieses Flüssige nicht mehr aus den irdischen Kräften erklären. Wenn wir die unendlichen Bemühungen betrachten und mit Bewusstsein anschauen, die Kugelform des Erdgewässers aus den irdischen Kräften selbst zu erklären, so sehen wir, wie vergeblich diese Bemühungen sind. Aus der irdischen Anziehungskraft und so weiter erklärt sich nicht die Kugelform des Erdgewässers. Die Kugelform des Erdgewässers ist nicht durch Anziehungskraft, sondern durch Druck von außen zu erklären. Da kommen wir auch in der äußeren Natur sogleich in das hinein, wo wir aus dem Irdischen hinausgehen müssen. Und von da aus kommen wir zum Erfassen dessen, wie es beim Menschen ist.

Solange wir bei dem bleiben, was im Menschen fest ist, meine lieben Freunde, können wir beim Irdischen bleiben, wenn wir seine Gestalt verstehen wollen. In dem Augenblick aber, wo wir an sein Flüssiges herankommen, brauchen wir den in diesem Flüssigen wirkenden zweiten Menschen, zu dem wir durch das erkraftete Denken kommen.

Jetzt sind wir zum Irdischen wieder zurückgekehrt. Wir finden im Menschen das Feste. Das erklären wir mit unseren gewöhnlichen Gedanken. Das, was im Menschen flüssig ist, das können wir seiner Form nach nicht verstehen, wenn wir nicht den zweiten Menschen in ihm wirksam denken, den wir im erkrafteten Denken in uns selbst als den Ätherleib des Menschen erleben. Der physische Mensch wirkt im Festen, der ätherische Mensch wirkt im Flüssigen. Der ätherische Mensch ist damit noch immer etwas Selbstständiges, aber sein Mittel zu wirken ist das Flüssige.

Jetzt handelt es sich darum, noch weiter zu kommen. Wir haben uns dazu gebracht, dieses erkraftete Denken innerlich zu erleben, also den ätherischen Menschen, diesen zweiten Menschen zu erleben. Das setzt voraus, dass wir eine starke innere Impulsivität entfalten. Wenn wir uns ein bisschen mehr anstrengen, so können wir uns nicht nur zum Denken anregen, sondern sogar die Gedanken auch wieder verbieten. Wir können aufhören zu denken.

Das besorgt sonst die physische Organisation: Wenn wir müde werden und einschlafen, hören wir auf zu denken. Es ist aber schwerer, das, was wir mit aller Anstrengung in uns hineinversetzt haben, das erkraftete Denken, das das Ergebnis der Meditation ist, willkürlich wieder auszulöschen. Ein gewöhnlicher, machtloser Gedanke ist verhältnismäßig leicht auszulöschen. Wir haften innerlich-seelisch mehr an dem, was wir mit erkraftetem Denken in uns entwickelt haben. Wir müssen eine stärkere Kraft gewinnen, um es uns wieder abzusuggerieren. Dann aber tritt etwas Besonderes ein.

Wenn wir das gewöhnliche Denken haben, werden wir angeregt von der Umgebung oder von den Erinnerungen an die Umgebung. Wenn wir irgendeinen Gedankenweg machen, dann ist die Welt da; wenn wir einschlafen, dann ist sie auch da. Aber im erkrafteten Denken haben wir uns gerade aus dieser Welt der Sichtbarkeit hinausgehoben. Wir haben uns räumlich in Zusammenhang mit der außerirdischen Umwelt gebracht. Wir betrachten jetzt das Verhältnis der Sterne zu uns, wie wir früher das Verhältnis der Naturreiche zu uns betrachtet haben. Wir haben uns mit all dem Außerirdischen in Beziehung gesetzt, und wir können das jetzt wieder unterdrücken.

Aber indem wir es unterdrücken, ist die äußere Welt nicht mehr da, denn wir haben unser Interesse dem erkrafteten Bewusstsein zugewendet, in dem die äußere Welt nicht da ist. Wir kommen zu dem, was wir ein leeres Bewusstsein nennen können. Das gewöhnliche Bewusstsein kennt die Leerheit des Bewusstseins nur im Schlaf. Dann ist es aber ein Unbewusstsein. Was wir jetzt erreichen, das ist: voll bewusst zu bleiben und bloß wachen, keine äußeren sinnlichen Eindrücke zu haben und dennoch nicht schlafen, bloß wachen. Aber wir bleiben nicht lange bloß wachend.

Jetzt, wenn wir dem Unbestimmten, dem überall Unbestimmten das leere Bewusstsein entgegensetzen, dringt die eigentliche geistige Welt in uns herein. Wir sagen uns: Da kommt sie. Während wir früher nur in die außerirdische physische Umgebung hinausgesehen haben, die die ätherische Umgebung ist, während wir früher das Räumliche gesehen haben, kommt jetzt wie aus unbestimmten Fernen durch dieses Kosmisch-Räumliche von allen Seiten etwas Neues herein: das eigentliche Geistige. Das Geistige kommt von dem Weltende herein, wenn wir diesen Gang durchmachen, den wir beschrieben haben.

Und jetzt tritt zu der früheren Metamorphose des Bewusstseins ein Drittes hinzu. Jetzt sagen wir uns: Du trägst in dir neben deinem physischen Leib den Ätherleib, den du im erkrafteten Denken ergriffen hast; da trägst du etwas in dir, wenn von dem Ätherischen geredet wird (s. Tafelzeichnung S. 117, blau), was der Welt der Scheinbarkeit gehört, was aus der Welt des Räumlichen kommt – wir werden in den nächsten Tagen sehen, inwiefern das berechtigt ist.

Aber was da weiter außerhalb ist (rot), das kommt aus dem Unbestimmten herein (rote Linien von außen nach innen). Wir haben das Bewusstsein, dass es nicht aus dem Räumlichen kommt. Das durchsetzt uns wie ein dritter Mensch. Durch den Äther des Kosmos hindurch läuft es heran und durchsetzt uns wie ein dritter Mensch. Und wir beginnen mit Recht, aus Erfahrung, davon zu reden: Wir haben in uns einen ersten Menschen, den physischen Menschen; wir haben in uns einen zweiten Menschen, den ätherischen Menschen; und wir haben in uns einen dritten Menschen, den astralischen Menschen. Wir tragen in uns auch den astralischen Menschen, einen dritten Menschen. Der kommt aus dem Geistigen, nicht bloß aus dem Ätherischen. Wir können von einem «Astralleib», von einem astralischen Menschen reden.

Und jetzt gehen wir noch weiter – das will ich zum Schluss nur andeuten, um es morgen weiter auszuführen –, jetzt sagen wir uns: Ich atme ein, ich gebrauche meinen Atem zu meiner inneren Organisation, ich atme wieder aus.

Ist es wahr, dass nur das, was sich die Leute als ein Gemisch, als ein Gemenge von Sauerstoff und Stickstoff vorstellen, dass nur das da hereinkommt und dann fortgeht? Was da hereinkommt und fortgeht, das ist nach der Anschauung der gegenwärtigen Zivilisation bloß aus physikalischem Sauerstoff und Stickstoff und einigem anderen zusammengesetzt. Aber derjenige, der dazu kommt, aus dem leeren Bewusstsein heraus dieses durch den Äther herankommende Geistige zu erleben, der erlebt im Einatmungszug etwas, was nicht bloß aus dem Äther gestaltet ist, sondern aus etwas außerhalb des Äthers, aus dem Geistigen gestaltet ist. Er lernt im Atmungsprozess einen geistigen Einschlag im Menschen erkennen.

Er lernt sich sagen: Du hast einen physischen Leib – er greift in das Feste ein, das ist sein Mittel. Du hast einen ätherischen Leib – er greift in das Flüssige ein. Indem du aber ein Mensch bist, der nicht nur ein fester Mensch und ein Flüssigkeitsmensch ist, sondern indem du in dir einen Luftmenschen trägst, der luftförmig, gasförmig ist, kann der dritte Mensch, der astralische Mensch, in dich eingreifen. Durch dieses Substanzielle auf der Erde, durch das Luftförmige, greift der astralische Mensch ein.

Niemals wird das, was im Menschen flüssige Organisation ist, die sich fortwährend neu konfiguriert, die innerlich ein regelmäßiges, aber fortwährend veränderliches, fortwährend sich wandelndes Leben hat, niemals wird das, was Flüssigkeitsmensch ist, mit dem gewöhnlichen Denken erfasst. Das wird nur mit dem erkrafteten Denken erfasst. Mit dem gewöhnlichen Denken erfassen wir nur den konturierten physischen Menschen. Und weil unsere Anatomie und Physiologie bloß mit dem physischen Menschen rechnen, so zeichnen sie nur zehn Prozent vom Menschen auf. Aber das, was der Mensch als Flüssigkeitsmensch ist, das ist in einer fortwährenden Bewegung, das zeigt nie eine feste Kontur. Da ist es so, dort wieder anders, da lang, dort kurz (s. Tafelzeichnung S. 117, oben rechts, rot). Was in fortwährender Bewegung ist, das erfassen wir nicht mit zeichnerisch-konturierten Begriffen, das erfassen wir mit Begriffen, die in sich beweglich sind, die bewegliche Bilder sind. Den ätherischen Menschen im Flüssigkeitsmenschen erfassen wir in Bildern.

Und den dritten Menschen, den astralischen Menschen, der im luftförmigen Menschen wirkt, den erfassen wir nur, wenn wir ihn nicht bloß in Bildern ergreifen, sondern wenn wir ihn auf eine noch andere Art ergreifen. Rücken wir in unserem Meditieren weiter fort, dann merken wir von einem bestimmten Punkt unserer Übungen an, dass der Atem in uns etwas fühlbar Musikalisches wird. Als innere Musik erleben wir dann den Atem. Wir erleben uns als von innerer Musik durchwebt und durchwellt. Den dritten Menschen, der physisch ein Luftmensch und geistig ein astralischer Mensch ist, den erleben wir als ein inneres Musikalisches. Wir ergreifen ihn durch den Atem.

Der orientalische Meditierende hat das direkt gemacht, indem er sich auf das Atmen konzentriert hat, das Atmen unregelmäßig gemacht hat, um darauf zu kommen, wie der Atem im Menschen webt und lebt. Er hat direkt auf das Ergreifen dieses dritten Menschen hingearbeitet.

So kommen wir zu dem, was dieser dritte Mensch ist, und können dann sagen: Durch eine Vertiefung des Denkens, durch eine Erkraftung des Denkens, kommen wir dazu, am Menschen zu unterscheiden: den physischen Leib, der auf der Erde in festen Formen lebt und mit den irdischen Reichen in Zusammenhang steht; den zweiten Menschen, den Flüssigkeitsmenschen, in dem aber ein immer bewegliches Ätherisches lebt, der nur in Bildern erfasst werden kann, in Bildern aber, die bewegte Bilder sind, ein bewegtes Plastizieren sind; und dann den dritten Menschen, den astralischen Menschen, der sein physisches Abbild in all dem hat, was die Einatmungsströmung macht. Diese kommt herein, ergreift die innere Organisation, breitet sich darin aus, verwandelt sich, strömt wieder aus. Das ist ein wunderbares Werden.

Das können wir auch nicht zeichnen. Würden wir das zeichnen, so würden wir bald merken: Wir glauben, wir können es zeichnen, nur solange wir es nicht kennen. Lernen wir es aber kennen, so wissen wir: Das können wir nicht zeichnen, das können wir ebenso wenig zeichnen, wie es uns gelingt, Töne zu zeichnen. Höchstens symbolisch können wir Töne zeichnen, aber nicht in Wirklichkeit. Wir können sie ebenso wenig zeichnen, wie wir die Töne einer Violine zeichnen können. Symbolisch können wir es, aber wir müssen das musikalische Gehör darauf richten, dass wir innerlich hören. Nicht das äußerliche Hören, sondern das innerlich-musikalische Hören müssen wir darauf richten.

Das Atmungsweben müssen wir innerlich hören. Den astralischen Leib des Menschen müssen wir innerlich hören.

Es ist der dritte Mensch. Es ist der Mensch, den wir erfassen, wenn wir zum leeren Bewusstsein vorrücken und dieses leere Bewusstsein durch das ausfüllen lassen, was uns eininspiriert wird. Die Sprache ist gescheiter als die Menschen, weil die Sprache aus den Urzeiten stammt. Dass man das Atmen einst eine «Inspiration» (lat. inspirare: einatmen) genannt hat, das hat einen tiefen Grund, wie überhaupt die Worte unserer Sprache uns viel mehr sagen, als wir heute mit unserem abstrakten Bewusstsein in den Worten fühlen.

Das sind die Dinge, die uns zu den drei Gliedern der Menschennatur führen können, zum physischen Leib, zum Ätherleib und zum Astralleib, die sich durch den festen Menschen, durch den Flüssigkeitsmenschen und durch den Luftmenschen äußern – die ihre physischen Gegenbilder in den festen Gebilden des physischen Menschen haben, in den sich wandelnden Gestalten des Flüssigkeitsmenschen, in dem, was den Menschen als eine innere, im Gefühl erlebbare Musik durchzieht.

Das schönste Abbild dieser innerlichen Musik ist das Nervensystem. Das ist erst aus dem astralischen Leib heraus gebaut, aus der innerlichen Musik heraus gebaut. Daher zeigt das Nervensystem diese wunderbare Gestaltung: Das Rückenmark, daran sich gliedernd die verschiedenen Stränge (s. Tafelzeichnung S. 117, ganz rechts: nur Linienstücke sichtbar; s. Klartextnachschrift S. 78). Das alles gibt zusammen ein wunderbares musikalisches Gefüge, das fortwährend im Menschen wirkt, in das Haupt herauf wirkt.

Die Urweisheit, die jenes Gefühl hatte, die noch im Griechentum lebendig war, fühlte im Inneren des Menschen dieses wunderbare Musikinstrument, das da ist. Denn die veratmete Luft geht durch das ganze Rückenmark herauf, die Luft, die wir einatmen, zieht in den Rückenmarkskanal ein, schlägt nach dem Gehirn herauf. Diese Musik wird wirklich ausgeführt, sie ist da, nur bleibt sie dem Menschen heute unbewusst. Er findet nur das vor, was sich oben im Bewusstsein abstößt. Das ist die Leier des Apollo, dieses innerliche Musikinstrument, das eine instinktive Urweisheit noch erkannt hat im Menschen.

Ich habe früher auf diese Dinge aufmerksam gemacht, aber ich will jetzt ein Resumé von dem geben, was im Laufe von zwanzig Jahren innerhalb unserer Gesellschaft entwickelt worden ist. Morgen werden wir dann weiterschreiten zu dem vierten Glied der menschlichen Natur, zu der Ich-Organisation, um dann zu zeigen, wie diese verschiedenen Glieder der menschlichen Natur mit dem Leben des Menschen auf der Erde und mit dem überirdischen oder außerirdischen Ewigkeitsleben des Menschen zusammenhängen.[9]

---

9 Morgen also und Sonntag um 8 Uhr sind die nächsten Vorträge. Morgen um 5 Uhr, ebenso am Sonntag ist eine Eurythmievorstellung.

Fünfter Vortrag

Die Liebe als Erkenntniskraft

Der Wärmemensch und das Ich

Dornach, 2. Februar 1924

Meine lieben Freunde![10] Es ist gestern von mir ausgeführt worden, dass wir den Menschen in den physischen Leib, den ätherischen Leib und den astralischen Leib gliedern müssen, und dass wir durch eine Behandlung, durch eine Übung der eigenen Denkkräfte, der Gemüts- und Willenskräfte dahin kommen können, eine tiefere Einsicht in diese Gliederung des Menschen zu erhalten.

Diese Gliederung, die wir beim Menschen erleben, wir finden sie auch draußen in der Welt. Nur müssen wir uns klar sein darüber, dass ein beträchtlicher Unterschied ist zwischen dem, was wir in der Welt außerhalb des Menschen

---

10 Diese Nacht ist unser liebes Mitglied Herr Keller in Basel verstorben. Er war lange Zeit in unserer Mitte, in der letzten Zeit sehr schwer krank, treu gepflegt von den Ärzten unseres Klinisch-Therapeutischen Institutes in Arlesheim. Es gereicht mir zur großen Befriedigung, dass ich ihn noch wenige Stunden vor seinem Tod habe besuchen können. Und ich setze voraus, dass eine Anzahl von Ihnen, meine lieben Freunde, unseren Freund Keller auch gekannt haben. Jedenfalls aber fühlen sich alle mit ihm in Gedanken als Anthroposophen verbunden, und ich bitte Sie zum Zeichen dafür, dass wir unsere Gedanken mit seinen Gedanken in seinem geistigen Dasein ferner verbinden wollen, sich von den Sitzen zu erheben.

Es ist mir wirklich ein Herzensbedürfnis, dem hier anwesenden Bruder auszudrücken, dass wir in unserem Fühlen uns verbunden fühlen mit unserem vom physischen Plan hinweggegangenen Freund.

finden, also der außermenschlichen Welt, und der Innenwelt des Menschen selbst.

Wenn wir die physische Welt betrachten, können wir sie in Anknüpfung an das feste, erdige Dasein betrachten, und wir kommen dazu, verschiedene Stoffe zu unterscheiden – wir brauchen nicht auf die Einzelheiten einzugehen. Wir wissen, wenn der Anatom kommt und den Leichnam untersucht, der vom lebendigen Menschen übrig bleibt, nachdem dieser durch die Pforte des Todes gegangen ist, dann hat er, dieser Anatom, nicht nötig – wenigstens glaubt er, es nicht nötig zu haben, und innerhalb gewisser Grenzen hat er recht –, dann hat dieser Anatom nicht nötig, an etwas anderes zu denken, als an die irdischen Stoffe, die er auch im außermenschlichen Dasein findet. Er untersucht das, was im außermenschlichen Dasein vorhanden ist an Salzen, an Säuren, an anderen zusammengesetzten oder einfachen Stoffen, und er untersucht dann das, was der menschliche Organismus davon enthält. Er findet es nicht nötig, seine physikalischen, seine chemischen Kenntnisse zu erweitern.

Der Unterschied tritt erst hervor, wenn wir die Dinge mehr im Großen betrachten, wenn wir auf das aufmerksam werden, was wir stark betont haben: dass dieser menschliche Organismus in seiner Gesamtverfassung, als Totalität, von der außermenschlichen Natur nicht aufrechterhalten werden kann, sondern der Zerstörung unterliegt. Sodass wir sagen können: Im festen, erdigen Physischen finden wir nicht viel Unterschied zwischen dem, was außermenschlich und dem, was innermenschlich ist. Einen größeren Unterschied müssen wir aber in dem erkennen, was ätherisch ist.

Wir haben gestern darauf aufmerksam gemacht, wie das Ätherische aus der außerirdischen Welt auf uns herunterblickt, und wie aus dem Ätherischen herein (s. Tafelzeichnung S. 118, Außenkreis grün, innere runde Fläche rot) alles – ob es ein kleiner Tropfen oder ein großer Erdtropfen ist, so haben wir gesagt –, alles rund gemacht wird, kugelig gemacht wird. Diese Tendenz, aus dem Kräftezusammenhang des Ätherischen heraus ein Kugeliges zu gestalten, diese Tendenz erstreckt sich auch auf den Ätherleib des Menschen. Wir haben fortwährend mit Bezug auf unseren Ätherleib damit zu kämpfen – natürlich geschieht das alles im Unterbewussten –, wir haben damit zu kämpfen, die Kugelform zu überwinden.

Der menschliche Ätherleib ist sehr angepasst in seiner Form, in seiner Gestaltung dem menschlichen physischen Leib. Er hat keine so festen Grenzen, er ist in sich beweglich, aber wir können auch in ihm eine Hauptpartie, eine Kopfpartie, und eine Rumpfpartie unterscheiden. Nicht so deutlich ist dann die Gliedmaßenpartie, da verschwimmt der Ätherleib.

Wenn wir einen Arm heben (Mensch rechts mit ausgestrecktem Arm) ist es aber so, dass der Ätherleib – der sich sonst der Form des menschlichen Organismus anpasst, der etwas über denselben herausragt, während er nach unten mehr auseinandergeht (lila-rötliche Flächen) –, wenn wir einen Arm heben, ist es aber so, dass der Ätherleib nicht so unterbrochen wird, dass ein Ätherarm auch hierauf geht, sondern man sieht da eine Ausdehnung. Das ist dann unten etwas dünner und oben etwas dichter, was unmittelbar um den Arm ist (lila-rötlich). Also der Raum, der hier ist (unter dem Arm), der ist im Ätherleib nicht sichtbar, das ist nur mit etwas dünnerer Äthermaterie ausgefüllt, wenn ich mich so ausdrücken darf.

Der Ätherleib hat aber durch das Universum, durch den Kosmos die Tendenz, Kugelform anzunehmen. Gegen diese Kugelform muss das kämpfen, was als höheres Wesen im Menschen ist, der astralische Mensch, und das, was wir noch genau besprechen wollen, was wir noch als den Ich-Menschen kennenlernen wollen. Das plastiziert heraus aus der Kugelform diese Form, die sich der menschlichen Gestalt anpasst.

Sodass wir sagen können: Der Mensch stellt sich als Äthermensch in die allgemeine Ätherwelt so hinein, dass er aus dem Ätherischen eine Eigenform in sich zusammenschließt. Während ringsherum alles Ätherische danach trachtet, soweit die Gestaltung in Betracht kommt, aus dem Flüssigen Kugeliges zu gestalten, wird beim Menschen das Flüssige menschenähnlich, aber das geschieht durch innere Kräfte. Da arbeiten die inneren Kräfte den äußeren kosmischen Kräften entgegen.

Noch stärker ist dieses Entgegenarbeiten beim astralischen Menschen. Das Astralische kommt wie aus dem Unbestimmten hereingeströmt, wie wir gestern angedeutet haben. Dieses Astralische wirkt hereinströmend ins außermenschliche irdische Dasein (weiße Pfeile vom grünen Kreis nach innen) und kraftet aus der Erde die Pflanzenform heraus (rechts und links des Pfeiles links), die noch deutlich dieses Folgen dem Astralischen zeigt. Denn es sind die

(Fortsetzung S. 129)

Es gibt eine Natur, aber der Mensch
kann an diese Natur nur heran,
indem er sich von ihr vernichten läßt

Es gibt eine Menschenseele, aber die Natur
kann an diese Menschenseele nur heran, indem
sie zum Scheingebilde wird.

Zum 1. Vortrag (19. Januar 1924)

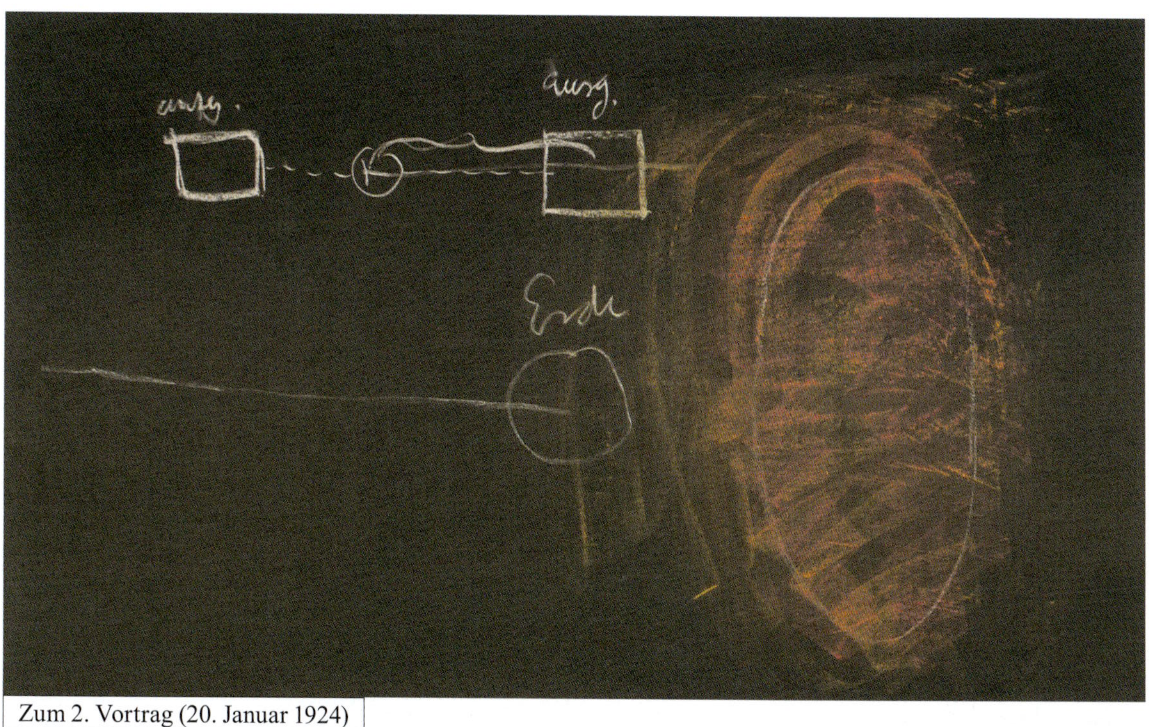

Zum 2. Vortrag (20. Januar 1924)

Zum 2. Vortrag (20. Januar 1924)

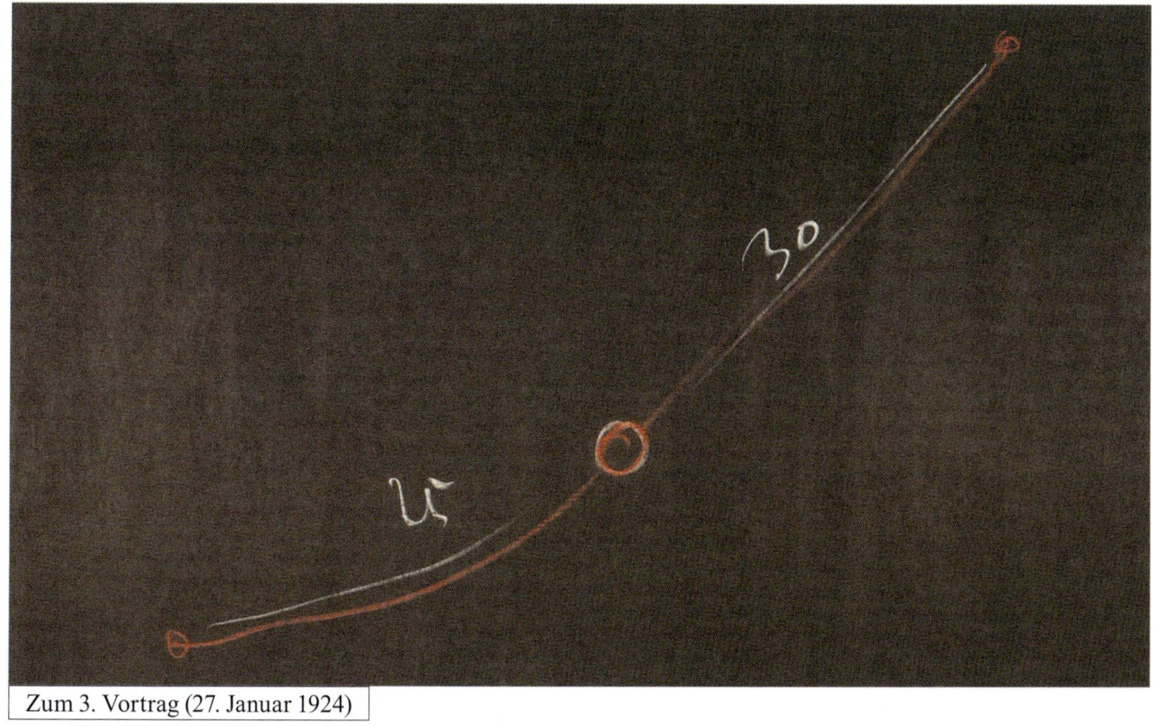

Zum 3. Vortrag (27. Januar 1924)

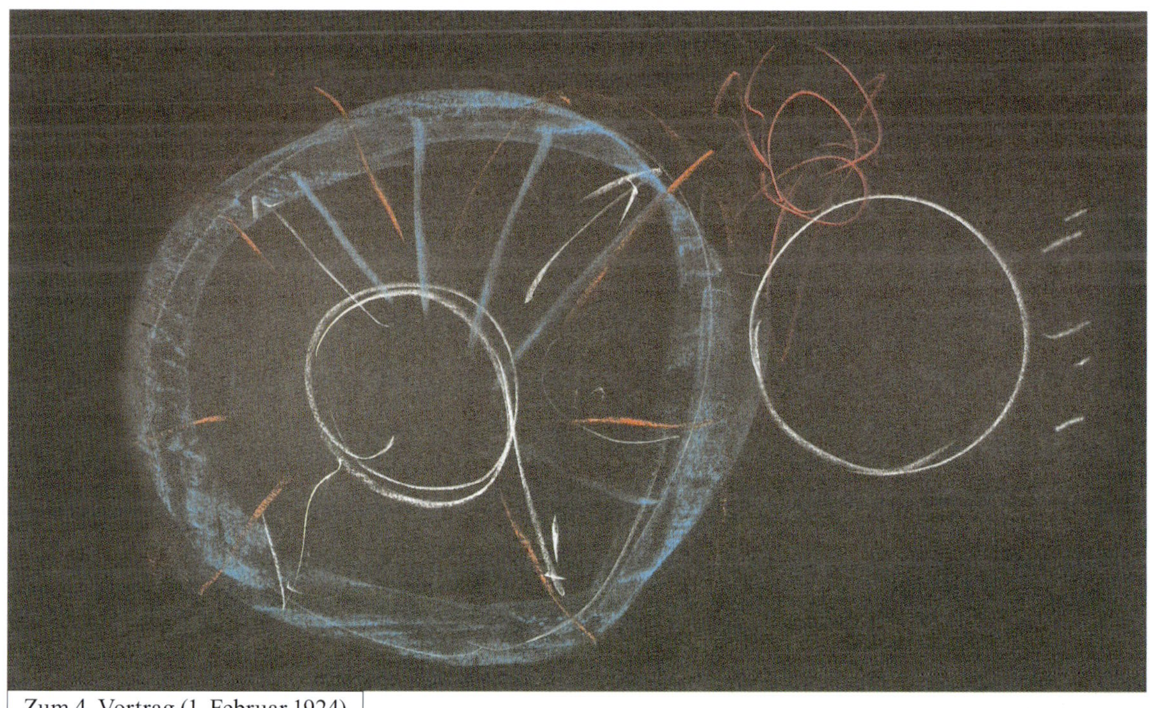

Zum 4. Vortrag (1. Februar 1924)

Zum 5. Vortrag (2. Februar 1924)

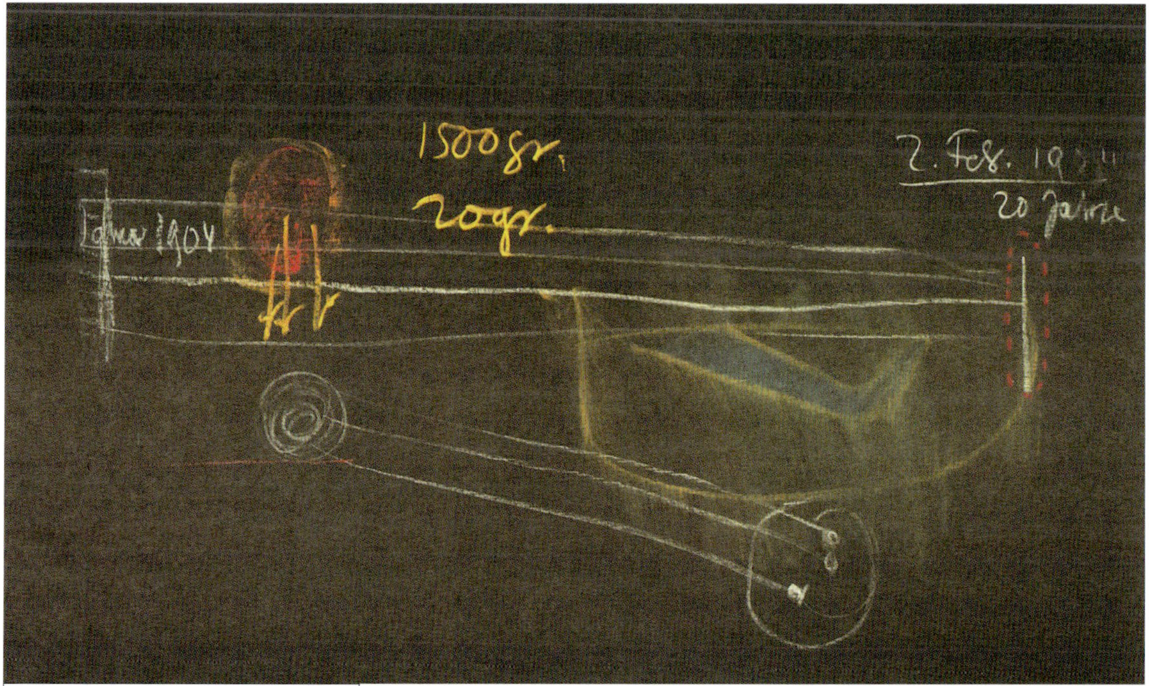

Zum 5. Vortrag (2. Februar 1924)

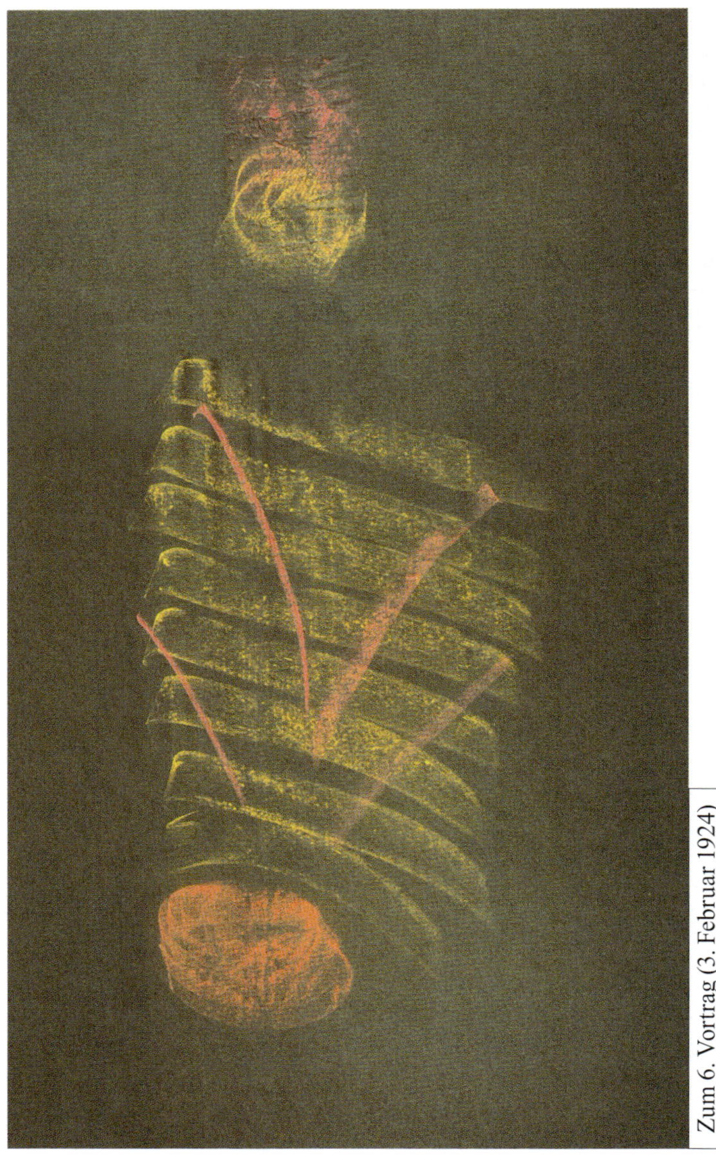

Zum 6. Vortrag (3. Februar 1924)

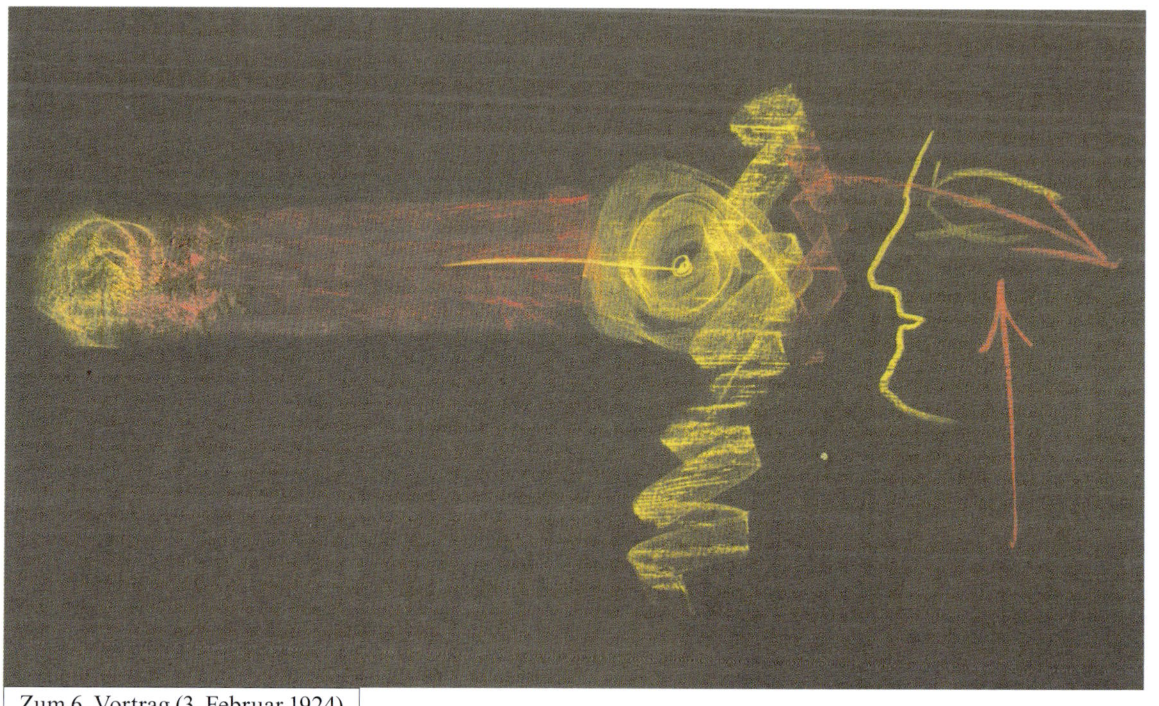

Zum 6. Vortrag (3. Februar 1924)

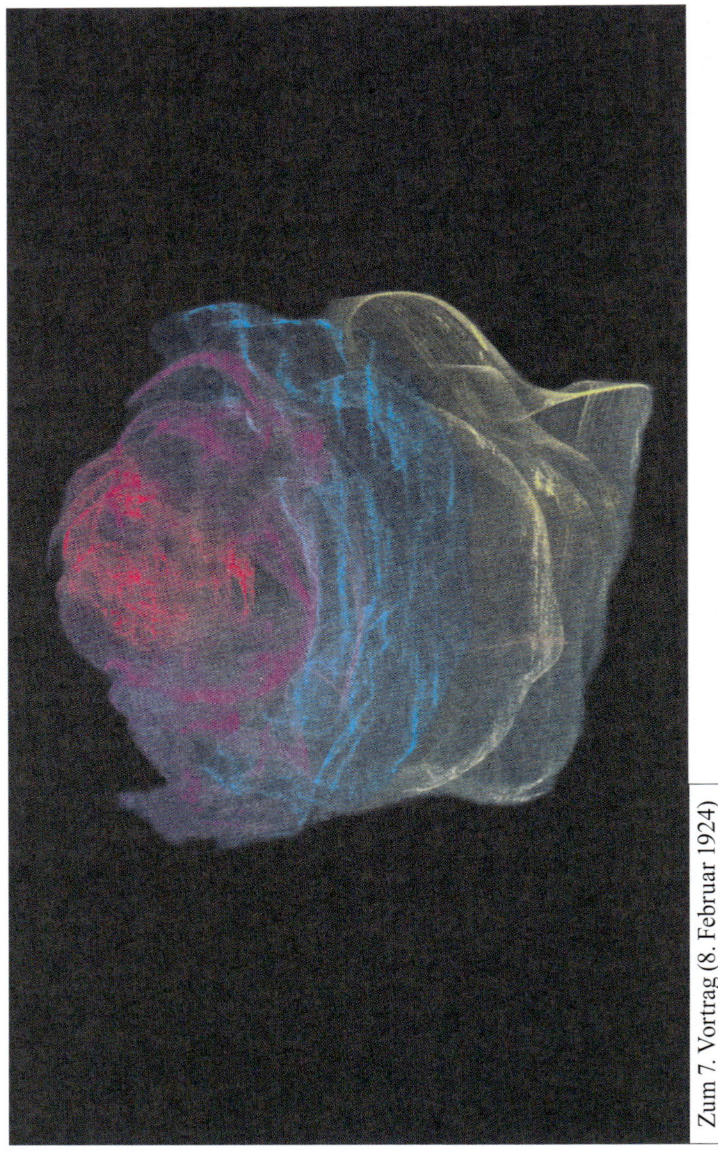

Zum 7. Vortrag (8. Februar 1924)

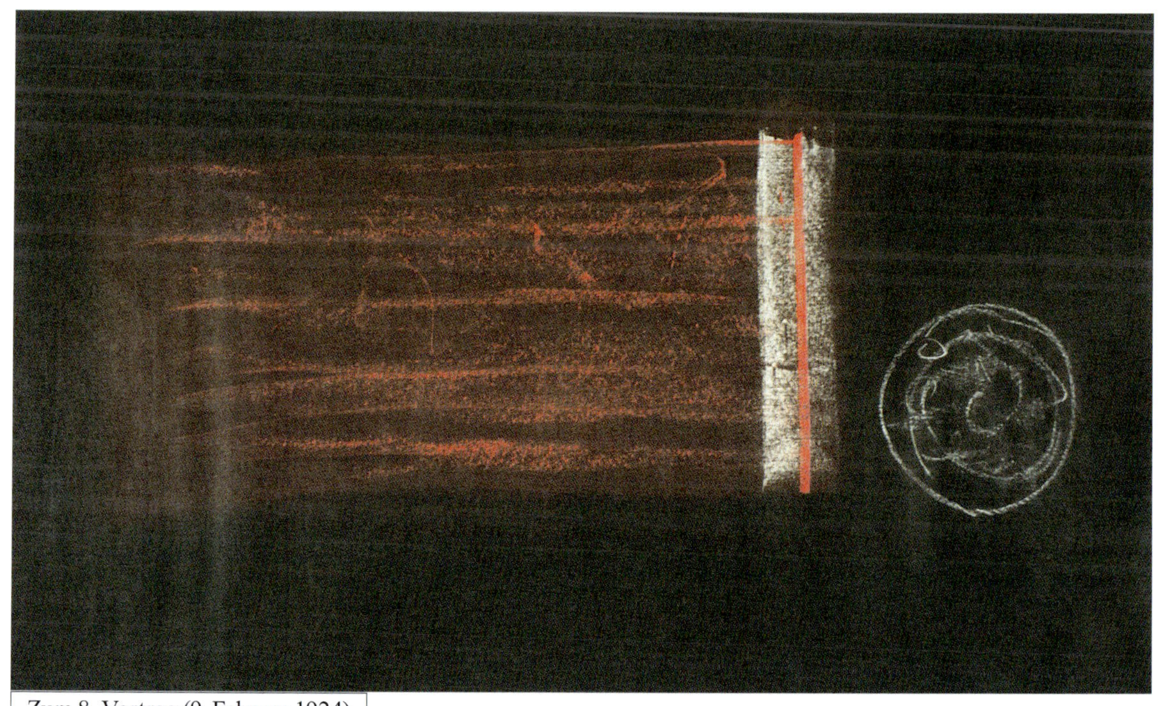

Zum 8. Vortrag (9. Februar 1924)

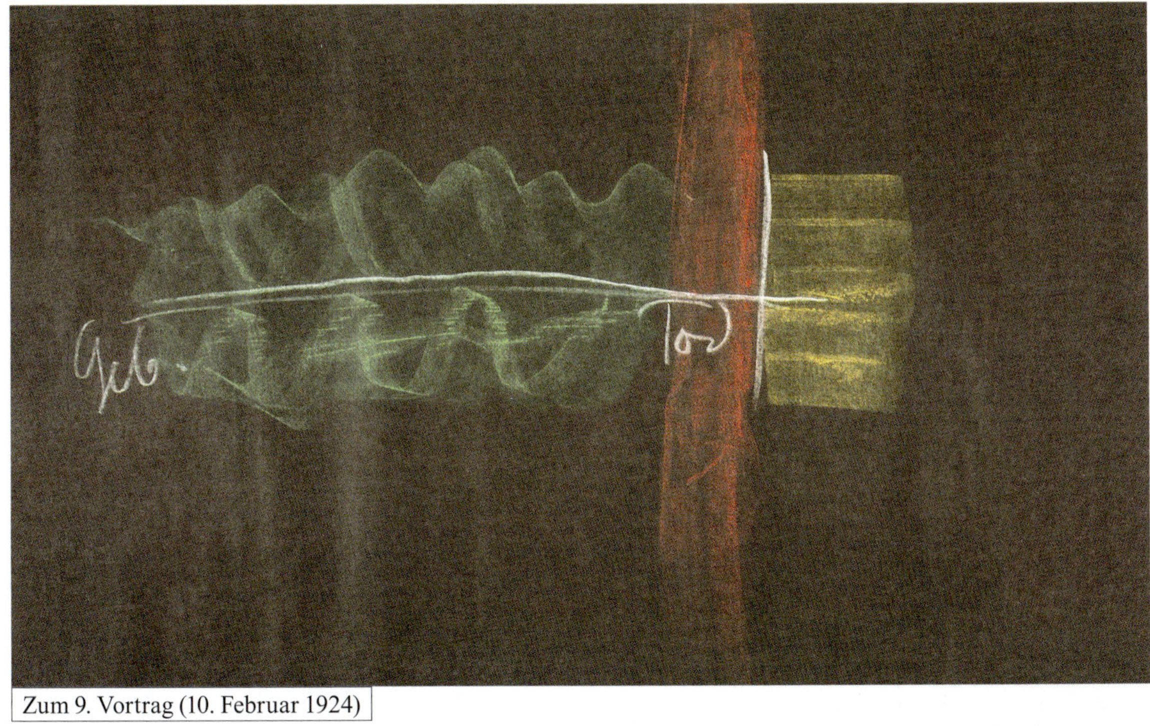

Zum 9. Vortrag (10. Februar 1924)

Klartextnachschrift von H. Finckh, 1. Vortrag, 1. Seite

Manuskript.
Nicht durchgesehen.
Nur für die Angehörigen der Allgemeinen Anthroposophischen Gesellschaft. – – –

Vortrag
von
Dr. Rudolf Steiner
gehalten am 19. Januar 1924 in Dornach.

– – – – – –

I

Meine lieben Freunde!

Wenn ich nun versuchen werde, eine Art von Einführung in die Anthroposophie selbst zu geben, so soll das so geschehen, dass darinnen womöglich eine Art von Anleitung zugleich gegeben ist für die Art, wie man vor der Welt Anthroposophie heute vertreten kann. Aber ich will eben doch einige einleitende Worte der Sache noch vorausschicken. Es wird gewöhnlich nicht genügend berücksichtigt, dass ja das Geistige ei ein Lebendiges ist, und dasjenige, was lebt, muss auch im vollen Leben erfasst werden. Wir dürfen einfach nicht, indem wir uns als die Träger der anthroposophischen Bewegung in der Anthroposophischen Gesellschaft fühlen, wir dürfen nicht diejenigen Dinge aus dem Auge verlieren, die ich gestern besprochen habe. Wir dürfen nicht gewissermassen die Hypothese voraussetzen, jeder Tag beginne die anthroposophische Bewegung. Sie ist eben mehr als zwei Jahrzehnte da, und die Welt hat Stellung zu ihr genommen. Daher muss bei jeder Art, sich im anthroposophischen

Klartextnachschrift von H. Finckh, 6. Vortrag, 1. Seite

Vortrag
von
Dr. Rudolf Steiner
gehalten am 3. Februar 1924 in Dornach.

Meine lieben Freunde!

Wenn man den Verlauf des menschlichen Erdenlebens betrachtet, so ist derselbe in einer Art von Rhythmus verlaufend, der sich ausdrückt in den Wechselzuständen zwischen Wachen und Schlafen. Unter den Gesichtspunkt des Wachens und Schlafens hat man zu rücken dasjenige, was in den letzten Vorträgen ausgeführt worden ist über die Gliederung des Menschen. Sehen wir uns einmal dasjenige, was dabei vorliegt, ich möchte sagen, mit dem gewöhnlichen Bewusstsein rein äusserlich an. Wir haben im wachenden Menschen den inneren Verlauf seiner Lebensprozesse, die aber im Unterbewusstsen oder Unbewussten verbleiben. Wir haben in diesem wachenden Menschen dasjenige vorhanden, was wir als die Sinneseindrücke kennen, jenes Verhältnis zu unseren irdischen und ausserirdischen Umgebung, das durch die Sinneseindrücke vermittelt ist, und wir haben ferner im wachenden Menschen die Offenbarung seiner Willensnatur gegeben. Wir haben seine Bewegungsmöglichkeit als Ausdruck seiner Willensimpulse gegeben.

Wenn wir den Menschen äusserlich betrachten, so finden wir, dass der innere Lebensprozess, der im Unbewusstsen für den wachen Menschen verläuft, fortdauert während des Schlafes. Wir finden, dass während des Schlafes die Sinnestätigkeit unterdrückt ist, und das auf ihr sich aufbauende Denken, wir finden das unterdrückt.

für das Erdenleben die Erinnerungen.

Diese Welt der Erinnerungen, auf die Sie sich nur zu besinnen brauchen, um sie zunächst in ihrem ganzen Schattenhaften, Seelenhaften, vor sich zu haben, diese Welt der Erinnerungen, was wird sie vor dem imaginierenden Bewusstsein? Sie verbreitert sich sogleich, sie wird ein mächtiges Tableau vor der Imagination, durch das man alles dasjenige, in Bildern überschaut, was man in dem gegenwärtigen Erdenleben durchlebt hat. Man möchte sagen, wenn schematisch dies der Mensch ist (weiss), dies die Erinnerung in ihm (rot, durch die Imagination wird diese Erinnerung sogleich ausgedehnt bis zur Geburt hin (rot). Man fühlt sich wie aus dem Raume heraussen. Da ist alles geschehen. Man schaut so in ein Tableau hinein, indem man das ganze bisherige Erdenleben überschaut. Die Zeit wird zum Raum. Wie in eine Allee schaut man hinein. Man überschaut dieses ganze Bisherige in einem Tableau, in einem Panorama, und man kann sagen, die Erinnerung verbreitet sich, dehnt sich aus. Sie ist wie in einem einzigen Zeitmomente, wenn wir sie in gewöhnlichem Bewusstsein haben. Vor dem gewöhnlichen Bewusstsein, meine lieben Freunde, da ist es wirklich so, dass man dasjenige, was man, wenn man z. B. - sagen wir - 40 Jahre alt geworden ist und man erinnert sich an etwas, was man vor 20 Jahren erlebt hat, aber man imaginiert nicht, man stellt gewöhnlich vor, ja dann ist es so, wie wenn es zwar weit fort wäre, weit fort im Raume , aber wie wenn es doch da wäre. Man weiss jetzt, es ist dageblieben; es ist ebensowenig verschwunden, wie die fernen Bäume einer Allee. Es ist da. So schaut man hinein in dieses Tableau. Und hat man einmal erkennen gelernt, dass diese Erinnerungen, die man im gewöhnlichen Bewusstsein in sich trägt, eine arge Illusion ist, es ist ja wirklich so, wenn man das, was man im

Handschrift M. Scholl, 2. Vortrag, S. 7

müssen wir zu einem Erdenzustand zurückgehen, in dem die Erde astralisch war, wo denn sie ein Wesen war wie unser dritter Menschselber ist. Dieses Wesen muss ich suchen in längst vergangenen Zeiten. Dieses Wesen leuchtet wie ein fernes Licht herüber. Da habe ich für den Raum nur die Zeit. (der Astralerde) Was in einer längst vergangenen Zeit liegt, wirkt hinein in die Gegenwart herein. Es ist immer noch da. Es ist nicht verschwunden. Ich komme da zu etwas, was im Geiste vorhanden ist und die Zeit zum Raume macht. Es ist ja so, wie wenn ich durch ein Telegraphieren weithin korrespondiere, so korrespondiere ich, wenn ich die Kreide aufhebe, und ein Bild im Äther erzeuge, so korrespondiere ich mit etwas, was vor langer Zeit da war.

Der Mensch fühlt in sich, dass er ein Ätherisches hat, das die Speisen umwandelt und wiederum zurück verwandelt. Er findet es in den Steinen nicht; es war früher in ihnen, aber er findet es im Äther. Er trägt eine spätere Vergangenheit in seinem Ätherleibe und eine noch frühere Vergangenheit in seinem Astralleibe. Die Wissenschaft betrachtet die Dinge der Welt wie ein Buch, in dem man nur die Buchstabenformen anschaut, aber nicht liest. Was ich Ihnen dargelegt habe, ist ein Lesen lernen in der Welt und dem Menschen. Durch das Lesen lernen kommt man allmählich der Welt und ihren Rätseln näher.

Astralleib ← Äther leib ← Physische Erde

fernere Vergangenheit. nähere Vergangenheit.

Astralkräfte, die die Pflanze aus der Erde herausholen. Die Pflanze selbst hat nur den Ätherleib, aber die astralischen Kräfte sind es, die sie aus der Erde herausholen.

Beim Menschen ist der astralische Leib außerordentlich kompliziert. Wir nehmen ihn so wahr, wie wir es gestern dargestellt haben: als ein inneres Musikalisches, als ein wirbelndes, webendes Leben, als innere Regsamkeit, als etwas, was gespürte, empfundene Musik ist – während wir alles andere Astralische von außen radial einströmend finden. Dieses radial Einströmende, das wird in die menschliche astralische Form verwandelt. Da kommen komplizierte Dinge zum Vorschein.

Es strömt zum Beispiel von dieser Seite her (s. Tafelzeichnung S. 118, rote Pfeile zum Menschen) ein Astralisches herein. Die menschliche Wesenheit biegt dieses Astralische in der verschiedensten Form um, um es sich dienstbar zu machen, um es sich einzugliedern. Sodass der Mensch sich seinen Astralleib aus den radial einströmenden Astralkräften durch seine eigene innere Wesenheit bezwingt.

Wenn wir den geschärften seelisch-geistigen Blick in den Kosmos hinauswenden, bekommen wir die Anschauung des Ätherischen. Wir bekommen auch den Eindruck: Das Ätherische ist das, was macht, dass wir von der Erde wegstreben. Während wir durch die Erdschwere mit der Erde zusammengehalten werden, streben wir durch das Ätherische von der Erde weg. In allem Wegstrebenden ist das Ätherische tätig.

Wir brauchen dabei nur an eine solche Sache zu denken, die wir oft erwähnt haben: Das menschliche Gehirn ist ungefähr 1500 Gramm (s. Tafel S. 119, «1500 gr.», «20 gr.») schwer. Eine Masse, die 1500 Gramm schwer ist und auf die feinen Blutgefäße drücken würde, die unter dem Gehirn sind, würde diese ganz zerquetschen. Hätte unser Gehirn seine 1500 Gramm Schwere im lebenden Menschen, könnten wir nicht die Blutgefäße haben, die unter dem Gehirn sind. Aber innerhalb des lebenden Menschen wiegt das Gehirn höchstens 20 Gramm. Weil das Gehirn im Gehirnwasser schwimmt und um das Gewicht des verdrängten Wassers leichter wird, wird das Gehirn viel leichter, ungeheuer viel leichter. So wirkt das Gehirn wegstrebend vom Menschen, und in diesem Wegstrebenden wirkt das Ätherische. Gerade am Gehirn veranschaulicht sich das, was da vorliegt, außerordentlich stark.

Wir haben hier das Gehirn, schematisch gezeichnet (s. Tafelzeichnung S. 119, ovale Fläche rot und gelb), im Gehirnwasser schwimmend. Dadurch vermindert sich sein Gewicht von 1500 Gramm auf etwa 20 Gramm. Also bloß 20 Gramm schwer ist unser Gehirn. In seiner Wirksamkeit nimmt es in außerordentlich geringem Maße an unserer physischen Leiblichkeit teil. Da findet das Ätherische ungeheuer viel Möglichkeit, hinaufzuwirken. Das Gewicht zieht hinunter (Pfeile nach unten), aber das Gewicht wird unterdrückt, wird aufgehoben. Im Gehirnwasser entwickelt sich die Summe der ätherischen Kräfte, die uns von dem Irdischen wegheben. Wenn wir unseren physischen Leib mit all seinen Schwerekräften zu tragen hätten, dann hätten wir einen Sack, den wir schleppen müssten. Aber auch jedes Blutkörperchen schwimmt und verliert von seinem Gewicht.

Es ist eine alte Erkenntnis, diese vom Gewichtsverlust im Flüssigen. Sie wissen, dass sie dem Archimedes im Altertum zugeschrieben worden ist. Er badete einmal und merkte, als er das Bein aus dem Badewasser herausstreckte, wie viel schwerer es ist, als wenn er das Bein im Badewasser drinnen hatte. Und da schrie er: Heureka! Ich habe es gefunden! Er hatte gefunden, dass jeder Körper im Flüssigen so viel leichter wird, als die Flüssigkeitsmasse beträgt, die er verdrängt. Wenn wir uns also den Archimedes im Badewasser vorstellen, hier das physische Bein, und dann das Bein aus Wasser geformt (s. Zeichnung S. 119, Bein in Blau), so wird das physische Bein im Wasser so viel weniger schwer sein, als dieses Wasserbein wiegt. Um so viel wird es leichter sein. So ist unser Gehirn im Gehirnwasser drinnen um so viel leichter, als die Gehirnflüssigkeit von der Größe des Gehirns, des physischen Gehirns, beträgt. Das heißt, es wird von 1500 Gramm auf 20 Gramm vermindert. Man nennt es in der Physik Auftrieb.

Also in diesem Wegstreben wirkt das Ätherische, während das Astralische durch die Atmung angeregt wird. Das Astralische kommt mit dem Luftförmigen in den menschlichen Organismus herein. Und indem das Luftförmige seinen Weg durch den Menschen durchmacht und in ungeheuer fein zerstiebtem Zustand zum Haupt gelangt, wirkt in dieser Luftverteilung, in dieser Luftorganisierung das Astralische.

So können wir in dem Stofflichen, in dem erdig-festen Stofflichen das Physische sehen, in dem Flüssigen das Ätherische in seinem Wirken im Menschen, in dem Luftförmigen das Astralische.

Es ist die Tragik des Materialismus, dass er nichts von der Materie weiß, wie sie in den verschiedenen Gebieten des Daseins wirkt. Das ist gerade das Merkwürdige, dass der Materialismus über die Materie so unwissend ist. Er weiß gar nichts über das Wirken der Materie. Gerade über das Wirken der Materie weiß er gar nichts, weil man über das Wirken der Materie erst erfährt, wenn man in der Materie die Geistigkeit ins Auge fasst, die die wirksamen Kräfte darstellt.

Schreiten wir durch die Meditation zu der imaginativen Erkenntnis vor, von der wir gestern gesprochen haben, dann finden wir in allem Wasserweben der Erde das Ätherische. Es ist vor einer wirklichen Erkenntnis kindisch zu glauben, dass in all dem, was da webt – nehmen wir das Meer- und Flusswasser, nehmen wir die aufsteigenden Nebel, die herabfallenden Wassertropfen, die sich formenden Wolken, nehmen wir all das zusammen –, es ist kindisch zu glauben, dass darin nur das enthalten sei, was der Physiker und der Chemiker vom Wasser wissen. Es ist kindisch gegenüber einer wirklichen Erkenntnis.

Denn in all dem, was da draußen in dem mächtigen Tropfen der Wassererde ist, in dem, was fortwährend in Dunstform aufsteigt, sich zu Wolken formt und in Nebel und Regen herunterkommt, in all dem, was sich sonst auf der Erde durch das Wasser zuträgt – das Wasser entfaltet eine ungeheure Tätigkeit bei der Bildung der verschiedenen Erdstrukturen –, in all dem wirken die Ätherströmungen, in all dem wirkt das Ätherweben, das sich uns in Bildern enthüllt, wenn wir das Denken so erkraftet haben, wie wir es gestern auseinandergesetzt haben.

Überall ist im Hintergrund dieses Wasserwebens das Weben von Imaginationen, von Weltimaginationen. Und in diese Weltimaginationen wie von rückwärts hineinkommend ist überall die astralische Weltsphärenharmonie.

Beim Menschen ist es aber so, dass wir in ihm all diese Verhältnisse ganz anders finden als außerhalb von ihm. Wenn wir ins Außermenschliche mit dem in der Art geschärften Blick schauen, wie wir es angedeutet haben, da finden wir die Welt aufgebaut aus dem Physischen, das unmittelbar an der Erde haftet, aus dem Ätherischen, das den Kosmos erfüllt, und aus dem Astralischen, das da wesenhaft hereinströmt.

Wir haben nicht ein allgemeines, abstrakt-vertracktes astralisches Weben, sondern wir haben Wesen, die da hereinkommen, Wesen, die seelisch-geistig sind, so wie auch der Mensch in seinem Körper ein seelisch-geistiges Wesen ist. Das schauen wir.

Schauen wir dann zurück auf den Menschen, so finden wir auch im Menschen für das, was draußen ätherisch ist, entsprechend seinen Ätherleib. Aber dieser Ätherleib zeigt sich nicht so, dass wir sagen können: Das ist der physische Mensch, und das ist der Ätherleib. Wir können das zeichnen, aber es ist nur ein festgehaltener Ausschnitt. Wir sehen niemals bloß den gegenwärtigen Ätherleib, meine lieben Freunde, sondern wenn wir einen Menschen in Bezug auf seinen Ätherleib betrachten, dann sehen wir diesen Ausschnitt, den wir zeichnen können, und angrenzend ist das, was vorangeht. Wir sehen immer den ganzen Ätherleib bis zur Geburt hin. Das Zeitliche ist ein Einheitliches.

Wir können nicht, wenn wir einen zwanzigjährigen Menschen vor uns haben, bloß den zwanzigjährigen Ätherleib sehen, sondern wir sehen all das, was im Ätherleib geschehen ist seit der Geburt und noch etwas darüber hinaus. Da wird wirklich die Zeit zum Raum. So wie wir, wenn wir in eine Allee hineinsehen und das so weitergeht, dass die Bäume durch die Perspektive einander immer nähergerückt werden, so wie wir dem Raum nach in die ganze Allee hineinsehen, so sehen wir den Ätherleib, wie er gegenwärtig ist, aber wir sehen zurück auf das ganze Gebilde, das ein zeitliches Gebilde ist. Der Ätherleib ist ein Zeitorganismus, der physische Leib ist ein Raumorganismus. Der physische Leib ist jetzt abgeschlossen. Der Ätherleib ist immer als ein Ganzes da, entsprechend der vergangenen Lebensdauer während dieses Lebens. Das ist eine Einheit.

Daher könnten wir den Ätherleib nur zeichnen oder malen, wenn wir Wandelbilder malen könnten – nur müssten wir mit einer viel größeren Geschwindigkeit malen. Was wir als augenblickliche Gestaltung zeichnen oder malen, ist nur ein Durchschnitt, der sich dem ganzen Ätherleib gegenüber so verhält, wie wenn wir einem Baum den Stamm durchschneiden und dann das zeichnen, was wir als Durchschnitt da sehen. So ist der Ätherleib nur ein «Durchschnitt», wenn wir ihn in einem Schema zeichnen, denn der ganze Ätherleib ist ein zeitlicher Verlauf. Und wir kommen, indem wir diesen zeitlichen Verlauf überblicken, über die Geburt, sogar über die Empfängnis hinaus bis zu einem Punkt, wo wir schauen, wie der Mensch aus einem vorirdischen Dasein zu diesem jetzigen Erddasein heruntergestiegen ist.

Als Letztes, was der Mensch durchgemacht hat, bevor er von einem Elternpaar empfangen worden ist, hat er sich aus dem allgemeinen Weltäther Substanzialität herangezogen und zu seinem eigenen Ätherleib gebildet. Sodass wir also, sobald wir vom Ätherleib sprechen, nicht anders sprechen können, als indem wir das zeitliche Leben des Menschen bis über die Geburt hinaus überblicken. Das, was wir als Ätherleib in einem bestimmten Zeitmoment sehen, das ist nur eine Abstraktion. Das Konkrete ist der zeitliche Verlauf.

Beim astralischen Leib ist es noch anders. Auf den astralischen Leib des Menschen kommen wir in der Art, wie wir das gestern gesagt haben. Wenn wir den astralischen Leib des Menschen betrachten und fragen: Hat der Mensch, der vor mir steht, einen astralischen Leib?, so müssen wir natürlich sagen: Ja, er hat einen astralischen Leib, denn er ist ein Mensch. Das können wir auch schematisch zeichnen, nur muss in der Zeichnung für uns der Raum wieder zur Zeit werden. Nehmen wir an, wir haben heute den 2. Februar: Am 2. Februar 1924 betrachten wir den astralischen Leib eines Menschen. Hier wäre der Mensch, schematisch gezeichnet (s. Zeichnung S. 118, ganz rechts), und wir betrachten seinen astralischen Leib (rote Striche). Es macht der Mensch diesen Eindruck: Da ist sein physischer Leib, da ist sein Ätherleib, und da können wir auch seinen astralischen Leib zeichnen. Es macht den Eindruck, wie ich es in meinem Buch *Theosophie* beschrieben habe. Es ist so.

Aber kommen wir zu der inspirierten Erkenntnis, wie wir sie gestern beschrieben haben, die gegenüber dem leeren Bewusstsein auftritt, dann kommen wir zu folgender

Erkenntnis. Dann sagen wir uns: Was da als astralischer Leib im Menschen gesehen wird, das ist nicht am 2. Februar 1924 vorhanden, sondern wenn der Mensch, dessen astralischen Leib wir betrachten, 20 Jahre (s. Tafel S. 119, rechts oben) alt geworden ist, so müssen wir die Zeit zurückverfolgen. Wenn der Mensch 20 Jahre alt ist, kommen wir zu dem Januar 1904 (links) und wir bekommen die Erkenntnis: Da ist dieser astralische Leib in Wirklichkeit, und noch weiter zurück, immer weiter zurück ins Unbegrenzte – da ist er in Wirklichkeit. Er ist gar nicht durch das Leben mitgegangen, er ist da geblieben. Hier ist nur eine Art Schein. Es ist so, wie wenn wir in eine Allee hineinschauen: Es geht immer weiter, da sind die letzten Bäume, die sind schon sehr nahe. Dahinten steht eine Lichtquelle. Wir können hier den Schein des Lichtes haben, aber die Lichtquelle ist dahinter. Die ist nicht nach vorne hervorspaziert, damit hier der Schein des Lichtes ist.

So ist auch der astralische Leib da geblieben, er wirft nur seinen Schein in das Leben herein. Der astralische Leib ist in der geistigen Welt geblieben, er ist nicht in die physische Welt mitgegangen. Unserem astralischen Leib nach stehen wir immer vor unserer Empfängnis, vor unserer Geburt in der geistigen Welt drinnen. Es ist so, wie wenn wir, wenn wir zwanzig Jahre alt geworden sind, geistig noch vor dem Jahr 1904 leben würden und in Bezug auf den astralischen Leib nur einen Fühler vorstrecken würden.

Sie werden sagen, das ist eine schwierige Vorstellung. Schön, aber Sie wissen, es hat einmal einen spanischen König gegeben, dem man gezeigt hat, wie kompliziert das

Weltgebäude ist. Da hat der spanische König gemeint, wenn er das Weltgebäude gemacht hätte, hätte er es einfacher gemacht.[11] Das mag der Mensch denken, aber die Welt ist in Wirklichkeit nicht einfach, und der Mensch schon gar nicht, sondern wir müssen uns etwas anstrengen, um das zu erfassen, was der Mensch ist.

Wir schauen also, indem wir nach dem astralischen Leib schauen, direkt in die geistige Welt hinein. Astralisches um uns haben wir nur in der geistigen Welt. Wenn wir die Menschen anschauen, schauen wir hinsichtlich ihrer astralischen Leiber in die geistige Welt hinein. Wir sehen direkt das, was der Mensch in der geistigen Welt durchgemacht hat, bevor er auf die Erde heruntergestiegen ist.

Sie werden sagen: Aber mein astralischer Leib wirkt doch in mir. Das tut er auch, selbstverständlich tut er das. Aber denken wir, meine lieben Freunde, hier wäre irgendein Wesen, das hätte irgendwelche Stricke und würde durch diese Stricke, die mechanisch mit ihm verbunden sind, etwas

---

11 Es handelt sich um Alfons X. von Kastilien (König von 1252 bis 1282), von dem Leibniz in seiner Theodizee berichtet. s. *Essais de theodicée, Oder Betrachtung der Gütigkeit Gottes, Der Freyheit des Menschen und des Ursprungs des Bösen ...* Von dem Herrn Baron von Leibnitz (Amsterdam 1720): II. Theil, §193, S. 454-455:

> «... daß es Leute giebt die davor halten Gott hätte es können besser machen. Das ist bey nahe der Irrthum des bekandten Königs Alphonsi von Castilien der von einigen Chur-Fürsten zum Römischen Könige erwehlet worden, und die Astronomische Tabellen, so von ihm den Nahmen haben, befördert. Man giebt vor dieser König habe gesagt, wenn ihn Gott, als er die Welt geschaffen, zu rathe gezogen, so wolte er ihm einen guten Rath ertheilet haben. Allem Ansehn nach mißfiel ihm das Systema Ptolomaicum, welches zur selbigen Zeit im Schwange gieng. Er hielte davor man hätte können was Bessers machen, und er hatte auch recht.»

verrichten. Weit weg im Raum tritt die Wirkung von einem Wesen auf, das hier ist (s. Zeichnung S. 119, unten). So ist es hier mit der Zeit. Der astralische Leib ist da geblieben, aber er streckt seine Wirkungen durch das ganze Leben aus. Wenn wir also heute eine Wirkung unseres astralischen Leibes beobachten, so hat sie ihren Ursprung in der Zeit, die längst vergangen ist, wo wir in der geistigen Welt waren, noch bevor wir auf die Erde heruntergestiegen sind. Die Zeit wirkt da herein. Die Zeit ist mit anderen Worten für das Geistige da geblieben.

Derjenige, der glaubt, dass das Vergangene nicht mehr in dem da sei, was in der Zeit weiter lebt, der gleicht einem Menschen, meine lieben Freunde, der in einem Eisenbahnzug sitzt, mit dem Zug fortfährt und einer ihm sagt: Du, das war eine schöne Gegend, die wir da durchfahren haben!, und er ist so einfältig und antwortet: Ja, schöne Gegend, aber sie ist verschwunden, sie ist gar nicht mehr da! Solch ein Mensch würde also glauben, wenn er mit dem Zug an einer Gegend vorübergefahren ist, dann sei sie verschwunden, sei nicht mehr da. Geradeso gescheit ist es, wenn der Mensch glaubt, das, was in der Zeit vergangen ist, sei nicht mehr da. Es ist fortwährend da, es wirkt in ihn herein. Der Januar 1904 ist in seinem geistigen Bestand noch da, gerade so wie das Räumliche noch da ist, nachdem wir durchgefahren sind. Das Vergangene ist noch da, und es ist so da, dass es in die Gegenwart hereinwirkt.

Wenn wir den astralischen Leib so beschreiben, wie ich es in meiner *Theosophie* getan habe, dann müssen wir, um die Erkenntnis zu einer vollständigen zu machen, uns bewusst werden, dass das, was da wirkt, der Schein dessen ist, was in der Zeit weit zurückliegend wirkt. Wir sind als Mensch wirklich wie ein Komet, der seinen Schweif weit zurück in die Vergangenheit erstreckt.

Wir können eine wirkliche Erkenntnis der menschlichen Wesenheit nicht anders gewinnen, als dadurch, dass wir auf neue Begriffe kommen.

Die Menschen, die glauben, dass man mit denselben Begriffen, die man hier für die physische Welt hat, auch in die geistige Welt eintreten kann, die können Spiritisten werden, nicht Anthroposophen. Bei den Spiritisten, da versucht man alles Geistige in den gewöhnlichen Raum hereinzuzaubern, wo die physischen Menschen herumgehen – nur ein wenig dünner. Aber das ist kein Geistiges, das sind nur feine Ausschwitzungen des Physischen. Selbst die Schrenk-Notzing'schen Phantome[12] sind nur feine Ausschwitzungen des Physischen, sehr dünne Ausschwitzungen, die in ihrer Gestaltung noch den Nachklang des Ätherischen haben. Sie sind bloße Phantome, sie sind kein Geistiges.

Wenn wir die Sache so betrachten, dann werden wir uns sagen: In der außermenschlichen Natur sind die höheren Welten gegenwärtig. Beim Menschen kommen wir sogleich in den zeitlichen Verlauf, in die Zeit hinein, wenn wir die aufeinanderfolgenden Welten betrachten. Man kann aber in der Erkenntnis beim Menschen noch weiter dringen. Und

12 Albert von Schrenck-Notzing, *Materialisations-Phänomene: ein Beitrag zur Erforschung der mediumistischen Teleplastie,* München 1914; *Physikalische Phaenomene des Mediumismus,* München 1920.

da mündet die Erkenntnis in ein Element ein, von dem man heute in unserer materialistischen Zeit nicht zugeben will, dass es auch ein Erkenntniselement sein kann.

Wir haben als die erste Stufe der Erkenntnis die vorgewiesen, die die groben, robust-physischen Dinge um uns herum durch die Sinne erblickt. Die zweite Art ist die des erkrafteten Denkens, wo man die in sich bewegten Weltbilder erfasst. Die dritte Art ist die inspirierte Erkenntnis, wo man das wahrnimmt, was sich wesenhaft in diesen Bildern ausspricht, was wie ein Sphärenmusikalisches, aber wesenhaft, da hineintönt. Nimmt man dieses Wesenhaft-Sphärische als Mensch wahr, dann wird man nicht bloß aus der Materie, sondern aus der Gegenwart hinausgeführt und in das vorirdische Leben des Menschen hineingeführt, in das Dasein, das der Mensch als geistig-seelisches Wesen gehabt hat, bevor er auf die Erde herabgestiegen ist. Diese inspirierte Erkenntnis erlangen wir, wenn wir das leere Bewusstsein herstellen, nachdem wir vorher das erkraftete Denken gehabt haben.

Den weiteren Aufstieg in der Erkenntnis, meine lieben Freunde, erlangen wir dadurch, dass wir die Kraft der Liebe zu einer Erkenntniskraft machen. Nur darf es nicht die triviale Liebe sein, von der in unserer materialistischen Zeit zumeist gesprochen wird, sondern es muss jene Liebe sein, die imstande ist, sich eins zu fühlen mit einem Wesen, das man nicht selbst ist innerhalb der physischen Welt, die imstande ist, das, was in dem anderen Wesen vorgeht, ebenso zu fühlen wie das, was in einem selbst vorgeht – die imstande ist, ganz aus sich herauszugehen und in dem anderen Wesen aufzuleben.

Im gewöhnlichen Menschenleben bringt sich die Liebe nicht bis zu diesem Grad, der notwendig ist, um die Liebe zu einer Erkenntniskraft zu machen. Da muss man zuerst das leere Bewusstsein hergestellt haben, da muss man auch einige Erfahrungen mit dem leeren Bewusstsein gemacht haben. Da macht man etwas durch, meine lieben Freunde, was viele Menschen nicht suchen, indem sie nach höherer Erkenntnis streben. Da macht man etwas durch, was man den Erkenntnisschmerz, das Erkenntnisleid nennen kann.

Wenn der Mensch eine Wunde hat, dann schmerzt ihn das. Warum? Weil dadurch, dass der physische Leib verletzt ist, das geistige Wesen des Menschen an dieser Stelle den physischen Leib nicht richtig durchdringen kann. Aller Schmerz rührt daher, dass man den physischen Leib nicht durchdringen kann. Wenn man an etwas Äußerlichem Schmerz erlebt, so ist es auch aus dem Grund, weil man sich nicht damit vereinigen kann. Hat man das leere Bewusstsein erlangt, in das eine ganz andere Welt hereinflutet als die, an die man gewöhnt ist, dann hat man für die Momente, in denen man die inspirierte Erkenntnis hat, den ganzen Menschen nicht, den ganzen physischen Menschen nicht. Dann ist alles wund, dann schmerzt alles.

Das muss man zuerst durchmachen. Man muss das Verlassen des physischen Leibes als richtigen Schmerz, als richtiges Leid durchmachen, um zur inspirierten Erkenntnis zu gelangen, um dahin zu gelangen, im unmittelbaren Anschauen, nicht bloß im Begreifen – das Begreifen kann natürlich ganz schmerzlos vor sich gehen, es soll von dem Menschen erlangt werden, ohne dass er durch den

Initiationsschmerz hindurchgeht –, aber um dahin zu gelangen, im unmittelbaren Anschauen das vor sich zu haben, was der Mensch im vorgeburtlichen Dasein in sich hat, was in der geistigen Welt geblieben ist und in ihn hereinwirkt, um dahin zu kommen, dazu gehört das Hinübergehen über den Abgrund des allgemeinen, des universellen Leidens, des universellen Schmerzes.

Und dann kann man die Erfahrung des Auflebens in einem ganz anderen Wesen haben. Dann erst lernt man die höchstpotenzierte, die höchstgradige Liebe, die darin besteht, dass man nicht nur abstrakt sich selbst vergisst, sondern sich ganz außer Acht lässt und in das andere Wesen hinüberkommt. Und wenn diese Liebe in Verbindung mit der inspirierten Erkenntnis auftritt, dann hat man erst die Möglichkeit, mit all der Liebeswärme, mit all der Gemütsinnigkeit, mit all der Herzensinnigkeit, die etwas Seelisches ist, in das Geistige hineinzukommen.

Und das müssen wir, wenn wir in der Erkenntnis weiterkommen wollen. Die Liebe muss eine Erkenntniskraft werden. Und wenn die Liebe, die als Erkenntniskraft auftritt, eine gewisse Höhe, eine gewisse Intensität erreicht hat, dann kommen wir durch unser vorirdisches Dasein hinüber in das vorige Erdleben. Wir schlüpfen hinüber – durch das Ganze hindurch, das wir durchgemacht haben zwischen unserem letzten Tod und dem gegenwärtigen Erdleben –, wir schlüpfen hinüber in das frühere Erdleben, in das, was wir die vorhergehende Inkarnation nennen.

Damals sind wir auch in einem physischen Leib auf der Erde gewandelt, selbstverständlich. Aber von all dem, was da physischer Leib an uns war, ist nichts geblieben, das ist alles in die Erdelemente aufgesogen worden, von dem ist nichts mehr da. Das, was unser innerstes Wesen in der damaligen Zeit war, das ist ganz geistig geworden, das lebt in uns als ein ganz Geistiges. Unser Ich wird ganz geistig, indem es durch die Pforte des Todes geht, indem es durch die geistige Welt geht bis zu einem neuen Erdleben.

Wer glaubt, mit ganz gewöhnlichen Kräften des alltäglichen Bewusstseins das Ich erkennen zu können, der kann es nicht erkennen. Man kann es nur erkennen, wenn die Liebe in der Weise höchst gesteigert wird, wie wir es angeführt haben. Denn derjenige, der wir im früheren Dasein waren, der ist ebenso außer uns, wie ein anderer Mensch in der Gegenwart außer uns ist. Derselbe Grad von Außensein haftet unserem Ich an. Es wird dann unser Eigentum, wir erleben es als unser Selbst, aber wir müssen erst so lieben lernen, dass diese Liebe gar nichts Egoistisches hat.

Es wäre etwas Furchtbares, wenn wir uns im gewöhnlichen Sinne des Wortes in unsere vorige Inkarnation verlieben würden. Es muss die Liebe im höchsten Sinne gesteigert werden, sodass wir unsere vorige Inkarnation als etwas ganz anderes erleben. Und dann gelangen wir, wenn die Erkenntniskraft des leeren Bewusstseins zu der Erkenntniskraft der höchstgesteigerten Liebe aufsteigt, dann gelangen wir zu dem vierten Glied der menschlichen Wesenheit, zu dem Ich.

Sodass wir sagen können: Der Mensch hat seinen physischen Leib, durch den er in jedem Augenblick in der physischen Gegenwart der Erde lebt. Der Mensch hat seinen Ätherleib, durch den er fortdauernd bis ein Stückchen vor seine Geburt hin lebt, wo er sich den Ätherleib aus dem allgemeinen Weltäther gesammelt hat. Der Mensch hat seinen Astralleib, durch den er das ganze Dasein zwischen seinem vorigen Tod und diesem Heruntersteigen auf die Erde lebt. Und dann hat er sein Ich, mit dem er im vorigen Erdleben drinnen lebt.

Wir müssen beim Menschen überall, wo wir von seiner Gliederung sprechen, auch von seiner Ausdehnung in der Zeit sprechen. Wir tragen unser voriges Ich-Bewusstsein unbewusst in der Gegenwart in uns. Und wo tragen wir es in uns? Wenn wir das studieren wollen, wo wir es in uns tragen, meine lieben Freunde, dann müssen wir darauf aufmerksam werden – und das ist der Weg dazu, an das Ich heranzukommen –, dann müssen wir darauf aufmerksam werden, dass der Mensch hier in der physischen Welt nicht nur ein fester Leib ist, nicht nur ein flüssiger und ein luftförmiger Mensch ist, sondern auch ein Wärmeorganismus ist.

Primitiv, wenigstens partiell, weiß das jeder Mensch. Wenn er Fieber misst, so bekommt er verschiedene Fieberangaben, je nach den verschiedenen Stellen des Organismus, wo er misst. Aber, meine lieben Freunde, so ist es im ganzen menschlichen Organismus. Eine andere Temperatur haben wir oben im Kopf, eine andere in der großen Zehe, eine andere innerlich in der Leber, eine andere in der Lunge. Wir sind nicht nur das, was wir im anatomischen Atlas in festen Konturen gezeichnet finden. Wir sind ein Flüssigkeitsorganismus, der in fortwährender Bewegung ist, wir sind ein Luftorganismus, der uns immerfort durchdringt, wie wenn uns immer ein mächtiges organisches

Symphonisch-Musikalisches durchdringen würde. Und wir sind bei alldem ein wogender, warm-kalt organisierter Wärmeorganismus. In diesem Wärmeorganismus leben wir selbst als Ich drinnen.

Und das spüren wir auch. Wir haben nicht ein sehr starkes Bewusstsein davon, dass wir in einem Schienbein oder in einem anderen Knochen leben, wir haben auch kein starkes Bewusstsein davon, dass wir in unserer Leber oder in den Säften unserer Gefäße leben. Aber dass wir in unserer Wärme leben, davon haben wir ein starkes Bewusstsein, wenn wir das auch nicht differenzieren, wenn wir auch nicht sagen: Das ist meine Wärmehand, das ist mein Wärmebein, das ist meine Wärmeleber und so weiter – aber es ist da. Und wird das gestört, ist nicht die menschlich angemessene Differenzierung im Wärmeorganismus vorhanden, dann spüren wir es als Erkrankung, als Schmerz.

Wenn wir das Ätherische schauen, indem wir mit dem entwickelten Bewusstsein zur Bildhaftigkeit, zur Imagination gedrungen sind, dann haben wir webende Bilder. Wenn wir das Astralische wahrnehmen, dann haben wir die Weltsphärenmusik. Sie dringt in uns herein, und sie dringt aus uns heraus, denn unser eigener Astralleib führt uns zurück in das vorgeburtliche Dasein.

Und gehen wir weiter zu jener Erkenntnis, die sich bis zu intensivster Liebe aufschwingt, wo die Liebeskraft Erkenntniskraft wird, wo wir unser eigenes Dasein aus dem vorigen Leben in unser gegenwärtiges Leben hereinfluten sehen, so spüren wir dieses vorangegangene Erdleben in der Differenzierung unseres Wärmeorganismus, in dem wir drinleben.

Das ist die «Intuition», da leben wir drinnen. Wenn irgendein Impuls in uns aufsteigt, dies und jenes zu tun, so wirkt das nicht nur aus der geistigen Welt heraus, wie es im astralischen Leib ist, sondern es wirkt von noch weiter zurück, von unserem früheren Erdleben. Das frühere Erdleben wirkt in die Wärme unseres Organismus herüber und erzeugt diesen und jenen Willensimpuls.

Schauen wir in dem irdisch-festen Menschen den physischen Leib, in dem flüssigen Menschen den ätherischen Leib, in dem luftförmigen Menschen den astralischen Leib, so schauen wir in dem Wärmemäßigen des Menschen das Ich. Das Ich der gegenwärtigen Inkarnation ist nie fertig, das bildet sich erst. Das eigentliche, in den unterbewussten Tiefen wirkende Ich ist das des vorigen Erdlebens. Vor dem schauenden Bewusstsein nimmt sich ein Mensch, dem wir gegenübertreten, so aus, dass wir sagen: Hier steht er – ich erblicke ihn zunächst so, wie er dasteht, mit meinen äußeren Sinnen. Ich schaue dann das Ätherische, ich schaue das Astralische. Dann aber schaue ich dahinter den anderen Menschen, der er in der vorigen Inkarnation war.

Je weiter das Bewusstsein ausgebildet wird, desto mehr erscheint – auch das macht sich perspektivisch –, desto mehr erscheint das menschliche Haupt der gegenwärtigen Inkarnation, etwas darüber das menschliche Haupt der vorigen Inkarnation, etwas darüber das menschliche Haupt der noch weiter zurückliegenden Inkarnation.

In Zivilisationen, die von diesen Dingen durch ein instinktives Bewusstsein noch etwas geahnt haben, finden wir Bilder, wo hinter dem deutlich gezeichneten Antlitz, das auf das gegenwärtige Erdleben bezogen ist, ein anderes, etwas weniger deutlich gemaltes Antlitz ist, und dahinter ein noch weniger deutlich, schemenhaft gemaltes drittes Antlitz (s. Tafelzeichnung S. 118, ganz links). Es gibt solche ägyptischen Bilder. Derjenige, der sieht, wie hinter dem Menschen der Gegenwart der Mensch der vorigen und der noch weiter zurückliegenden Inkarnation aufsteigt, der versteht solche Bilder.

Es ist erst dann eine Realität, von dem Ich als dem vierten Glied der menschlichen Natur zu sprechen, wenn wir zugleich das zeitliche Dasein bis zurück zu der vorigen Inkarnation erweitern. Das alles wirkt im Wärmemenschen. Die Inspiration kommt noch an uns heran – von außen oder von innen. In der Wärme stehen wir selbst drinnen. Das ist die Intuition, die wahre Intuition. Die Wärme erleben wir ganz anders als alles andere in uns.

Jetzt aber, meine lieben Freunde, wenn wir das so betrachten, dann kommen wir über eines hinaus, was gerade dem Menschen der Gegenwart, wenn er unbefangen mit seiner Seele zu Werke geht, ein großes Rätsel aufgeben sollte. Wir haben von diesem Rätsel schon gesprochen. Wir haben gesagt, wir fühlen uns moralisch verbindlich gegenüber gewissen Impulsen, die uns rein geistig gegeben sind. Wir wollen sie ausführen. Wie das, wozu wir uns moralisch verbunden fühlen, in die Knochen, in die Muskeln schießt, das können wir nicht erkennen.

Wenn wir aber wissen, dass wir in uns unser Ich aus der vorigen Inkarnation tragen, das geistig geworden ist, und dass dieses Ich in die Wärme hereinwirkt, dann haben wir in diesem Wärmemenschen den Übergang. Auf dem Umweg durch das Ich der vorigen Inkarnation wirken die moralischen Impulse im Wärmemenschen. Da bekommen wir erst den Übergang vom Moralischen ins Physische. Wenn wir die gegenwärtige Natur und den Menschen bloß als einen Ausschnitt aus der Natur betrachten, bekommen wir nicht den Übergang.

Wenn wir die gegenwärtige Natur betrachten, können wir nur sagen: Da draußen ist die Natur, der Mensch nimmt ihre Stoffe auf, er baut damit seinen Organismus auf. So kindlich naiv stellt man sich das vor: Der Mensch ist aus den Stoffen der Natur zusammengeschweißt, er ist ein Ausschnitt aus der Natur. Schön! Jetzt fühlt er aber plötzlich, es gibt in ihm moralische Impulse, und er soll sich danach richten, er soll auch nur einen einzigen Schritt im Sinne dieser moralischen Impulse machen. Ich möchte wissen, wie dieser Ausschnitt aus der Natur das anfängt! Das Salz kann es nicht, das Kalzium kann es nicht, das Chlor kann es nicht, der Sauerstoff kann es nicht, der Stickstoff kann es nicht, all das kann es nicht. Der Mensch, der aus alldem zusammengeschweißt ist, der soll es plötzlich können! Der Mensch soll einen moralischen Impuls empfinden und sich danach richten, der Mensch, der aus all dem zusammengeschweißt ist, was das nicht kann!

Aber in all dem, was da zusammengeschweißt ist, entsteht auf dem Umweg durch den Schlaf etwas – wir werden morgen davon sprechen –, was durch den Tod geht, was nach dem Tod immer geistiger wird und dann ein nächstes Mal in den Leib hineingeht. Auch jetzt ist es in diesem Leib drinnen, weil es aus der vorigen Inkarnation kommt. Das ist schon geistig geworden und wirkt in diese Inkarnation hinein. Und was jetzt aus den Stoffen der Erde zusammengeschweißt ist, das wird in der nächsten Inkarnation in den Wärmemenschen hineinwirken.

So strömt das Moralische von einem Erdleben des Menschen in das andere hinein. Da begreifen wir den Übergang von der physischen Natur zur geistigen Natur, und wieder von der geistigen Natur zurück zur physischen Natur. Mit einem Erdleben können wir das nicht begreifen, wenn wir uns nicht einer Erkenntnisunredlichkeit hingeben und uns über das Ganze hinwegtäuschen.

Was wir als die Elemente des Irdischen betrachten – das Fest-Irdische, das Flüssige, das Gas- oder Luftförmige, das Wärmeartige –, das ist überall von dem durchzogen, was wir bezeichnen als das Physische – da ist es unmittelbar es selbst –, als das Ätherische, als das Astralische und als das Ichhafte. Und so bekommen wir die Gliederung des Menschen im Zusammenhang mit dem Weltdasein, mit dem Universum. Wir können uns eine Vorstellung davon bilden, inwiefern der Mensch ein Ausschnitt aus der Zeit ist, nicht nur aus dem Raum. Aus dem Raum ist er es nur seiner physischen Körperlichkeit nach, aber das Vergangene ist für die geistige Betrachtung ein fortdauerndes Gegenwärtiges. Die Gegenwart ist zu gleicher Zeit eine Ewigkeit.

Es ist dieses, was wir da auseinandersetzen, einmal Inhalt instinktiver Bewusstseinsformen der Menschen gewesen. Wenn wir alte Urkunden verstehen, so finden wir, dass in diesen alten Urkunden ein Bewusstsein von dieser

Viergliedrigkeit des Menschen im Zusammenhang mit der Welt lebt. Aber durch viele Jahrhunderte hindurch ist diese Erkenntnis dem Menschen verlorengegangen. Der Mensch hätte sonst niemals den Intellekt ausbilden können, so wie er ihn jetzt hat. Aber jetzt sind wir in der Menschheitsentwicklung an dem Punkt angelangt, wo wir vom Physischen aus wieder zu dem Geistigen vordringen müssen. Darüber wollen wir dann morgen weiter reden.[13]

---

13 Morgen um 5 Uhr ist wiederum eine eurythmische Darstellung, um 8 Uhr mein Vortrag.

Ich würde nur bitten, dass morgen nach dem Vortrag diejenigen Freunde noch für ein Viertelstündchen da bleiben, damit ich einiges ordnen kann, die schon länger als zwei Jahre Mitglied sind und einen Brief um in die Aufnahme in die erste Klasse geschrieben haben. Die andern bitte ich dann morgen nach dem Vortrag nicht zurückzubleiben, sondern nur diejenigen, die diesen Bedingungen entsprechen, bereits ausgewachsene volle zwei Jahre Mitglied zu sein, und mir einen Brief schrieben wegen Aufnahme in die erste Klasse – Sie sehen, ich verlange es nicht bis ins vorgeburtliche Dasein, aber zwei Jahre zurück; aber diese zwei Jahre müssen diejenigen, die morgen hierbleiben, als einen Schwanz nach sich ziehen.

Sechster Vortrag

Zu einem neuen Zeitbegriff

Erlebnisse im Schlaf außerhalb des Körpers

Dornach, 3. Februar 1924

Meine lieben Freunde! Wenn wir den Verlauf des menschlichen Lebens betrachten, so sehen wir es in einer Art von Rhythmus verlaufen, der sich in den Wechselzuständen zwischen Wachen und Schlafen ausdrückt. Unter den Gesichtspunkt des Wachens und Schlafens haben wir das zu rücken, was wir in den letzten Vorträgen über die Gliederung des Menschen ausgeführt haben.

Sehen wir uns das, was da vorliegt, mit dem gewöhnlichen Bewusstsein, rein äußerlich an. Wir haben im wachenden Menschen den Verlauf seiner Lebensprozesse, die aber im Unterbewussten oder Unbewussten verbleiben. Wir haben in diesem wachenden Menschen das vorhanden, was wir als die Sinneseindrücke kennen, jenes Verhältnis zur irdischen und außerirdischen Umgebung, das durch die Sinneseindrücke vermittelt wird. Und wir haben ferner im wachenden Menschen die Offenbarung seiner Willensnatur gegeben, wir haben seine Bewegungsmöglichkeit als Ausdruck seiner Willensimpulse gegeben.

Wenn wir den Menschen äußerlich betrachten, so finden wir, dass der innere Lebensprozess, der für den wachen Menschen im Unbewussten verläuft, auch während des Schlafes fortdauert. Wir finden aber, dass während des Schlafes die Sinnestätigkeit und das auf ihr bauende Denken unterdrückt sind; wir finden, dass auch das unterdrückt ist, was Offenbarung des Willens ist – und das aktive Gefühlsleben, das zwischendrin steht und beides miteinander verbindet.

Wenn wir das unbefangen betrachten, was das gewöhnliche Bewusstsein ergibt, ohne uns auf irgendwelche Vorurteile einzulassen, so müssen wir uns sagen: Die als seelisch zu bezeichnenden Vorgänge und die Vorgänge, die sich zwischen dem Seelischen und der Außenwelt abspielen, hören im Schlaf auf – höchstens tönt aus dem Schlaf das heraus, was das Traumleben ist. Und wir dürfen nicht annehmen, dass mit jedem Erwachen diese seelischen Prozesse wieder von Neuem beginnen, dass sie aus dem Nichts heraus neu geschaffen werden. Das wäre auch für das gewöhnliche Bewusstsein ein ganz absurder Gedanke.

Es bleibt nichts anderes übrig für das unbefangene Betrachten, als vorauszusetzen, dass all das, was im Menschen Träger der seelischen Vorgänge ist, auch während des Schlafes vorhanden ist.

Dann aber müssen wir uns gestehen, dass der Träger der seelischen Vorgänge während des Schlafes nicht eingreift in den Menschen: dass in den Menschen das nicht eingreift, was in seinen Sinnen ein Bewusstsein von der Außenwelt hervorruft und dieses Bewusstsein der Außenwelt zum Denken aufrüttelt, dass im Menschen das nicht vorhanden ist, was vom Willen aus den Körper in Bewegung setzt, und dass von dem inneren organischen Leben das nicht vorhanden ist, was die gewöhnlichen organischen Prozesse zum Gefühl aufruft.

Wir werden uns während des Wachlebens bewusst, dass der Gedanke in unseren Organismus eingreift, auch wenn wir mit dem gewöhnlichen Bewusstsein nicht überschauen können, wie der Gedanke, wie die Vorstellung in das Muskel- und Knochensystem hinunterströmt und den Willen vermittelt. Aber wir sind uns dieses Eingreifens der seelischen Impulse in die Körperlichkeit bewusst, und wir sind uns klar darüber, dass dieses Eingreifen der seelischen Impulse fehlt, während wir im Schlaf sind.

Daraus können wir schon rein äußerlich sagen: Der Schlaf nimmt vom Menschenwesen etwas weg. Und es wird sich fragen, was der Schlaf vom Menschenwesen wegnimmt.

Sehen wir auf das, was wir als den physischen Menschenleib bezeichnet haben. Er ist im Schlaf fortdauernd tätig, wie er während des Wachens tätig ist. Aber auch all die Vorgänge, die wir als die des ätherischen Organismus gekennzeichnet haben, dauern während des Schlafes fort: Der Mensch wächst auch während des Schlafes, er verrichtet jene inneren Tätigkeiten, die der Ernährung, der Verarbeitung der Ernährung angehören, und er atmet auch während des Schlafes fort. Das alles sind Tätigkeiten, die nicht dem physischen Leib angehören, denn sie hören auf, wenn der physische Leib zum Leichnam wird – da wird der physische Leib von der äußeren Natur, von der irdischen Natur in Anspruch genommen, die zerstörend wirkt. Was zerstörend wirkt, das überfällt im Schlaf noch nicht den Menschen. Es sind also im Schlaf alle Gegenwirkungen gegen das Auseinanderfallen des physischen Leibes da, sodass wir schon daraus uns rein äußerlich sagen müssen: Der ätherische Organismus ist auch während des Schlafes vorhanden.

Wir wissen aus den letzten Tagen, dass dieser ätherische Organismus durch Imagination zur wirklichen Erkenntnis gebracht werden kann. Wir können ihn in Bildern erleben, geradeso wie wir durch die Sinneseindrücke den physischen Leib erleben. Wir wissen auch, dass das, was wir den astralischen Organismus nennen, durch Inspiration erkannt werden kann. Wir wollen nicht bei Schlussfolgerungen stehenbleiben – das könnten wir, aber Schlussfolgerungen werden wir in Bezug auf den astralischen Leib und die Ich-Organisation lieber machen, nachdem die Beobachtung durch das entwickelte Bewusstsein vor unsere Seele getreten ist.

Wir wollen uns zuerst vergegenwärtigen, wie wir gesagt haben, dass der astralische Leib im Menschen wirkt: Er wirkt durch das Mittel des Luftartigen, des Gasartigen im menschlichen Organismus. In all dem, was im Menschen als Wirkung, als Impuls des Luftartigen vor sich geht, erkennen wir den astralischen Leib. Wir wissen, dass das Allerwesentliche in Bezug auf diese Tätigkeit des astralischen Leibes in dem Luftartigen die Atmung ist, und wir wissen schon aus der gewöhnlichen Erfahrung, dass wir zu unterscheiden haben zwischen der Einatmung und der Ausatmung.

Und wir wissen weiter: Die Einatmung ist für uns das Belebende, wir entnehmen der äußeren Luft das Belebende, indem wir einatmen. Aber wir wissen auch, dass wir an die äußere Luft nicht das abgeben, was das Belebende ist, sondern das Ertötende. Physisch gesprochen: Wir nehmen den Sauerstoff auf und wir geben die Kohlensäure ab. Aber dies interessiert uns weniger. Es interessiert uns das Ergebnis der gewöhnlichen Erfahrung: dass wir das Belebende einatmen und das Ertötende ausatmen.

Jetzt handelt es sich darum, die höhere Erkenntnis, die da in Imagination, Inspiration und Intuition verläuft – auch das haben wir in den letzten Tagen besprochen –, diese höhere Erkenntnis, also auch die inspirierte Erkenntnis, auf das Schlafleben anzuwenden und zu prüfen: Ist da etwas, was der Schlussfolgerung entspricht, die wir gemacht haben, dass dem Menschen im Schlaf etwas genommen wird? Diese Frage kann nur dadurch beantwortet werden, dass wir die andere Frage aufwerfen und zur Beantwortung bringen: Wenn im Schlaf etwas da ist, was außerhalb des Menschen ist, wie verhält sich dieses außerhalb des Menschen Befindliche?

Nehmen wir an, meine lieben Freunde, ein Mensch hat es durch solche innerlichen Seelenübungen, wie wir sie charakterisiert haben, dazu gebracht, die Inspiration zu haben, also in das leere Bewusstsein etwas hereinzubekommen. Er lebt in der Fähigkeit, inspirierte Erkenntnis zu haben. In diesem Augenblick ist es ihm auch möglich, den Schlafzustand künstlich herbeizuführen, aber so, dass er nicht ein Schlafzustand ist, sondern ein bewusster Zustand, der Zustand der Inspiration ist, wo die geistige Welt hereinflutet.

Ich möchte ganz populär die Sache darstellen. Nehmen wir an, derjenige, der ein solches inspiriertes Bewusstsein erlangt hat, ist imstande, in einem Geistig-Musikalischen die Weltwesen, die geistigen Weltwesen in sich hereinsprechen zu fühlen. Dann wird er dabei, bei diesem «inspirierten» Erkennen, gewisse Erfahrungen machen. Aber er wird sich auch sagen: Die Erfahrungen, die ich da mache, die bewirken etwas sehr Eigentümliches. Die bewirken, dass mir das, von dem ich vorausgesetzt habe, dass es während des Schlafes außerhalb des Menschen ist, nicht mehr unbekannt bleibt.

Es ist so, dass man das, was da eintritt, mit Folgendem vergleichen kann. Nehmen wir an, wir haben vor zehn Jahren ein Erlebnis gehabt, und wir haben es vergessen. Durch irgendeine Veranlassung kommen wir dazu, uns wieder an dieses Erlebnis von vor zehn Jahren zu erinnern. Es ist so, dass es außerhalb unseres Bewusstseins war, und dass wir, nachdem wir irgendwelche Gedächtnishilfe oder dergleichen angewendet haben, dieses Erlebnis wieder in unser Bewusstsein hereinbringen. Jetzt ist es drinnen. Da haben wir etwas wieder in das Bewusstsein hereingebracht, was außerhalb unseres Bewusstseins war, aber mit uns verbunden war.

So geschieht es dem, der ein intimeres Bewusstsein hat und zur Inspiration kommt. In ihm fängt an das aufzutauchen, was im Schlaf vor sich geht, wie sonst Erinnerungserlebnisse auftauchen – nur dass die Erinnerungserlebnisse vorher da waren im Bewusstsein, während die Schlaferlebnisse nicht da waren. Aber sie kommen so herein, dass der Mensch das Gefühl hat, er erinnert sich an etwas, was er in diesem Leben nicht bewusst erlebt hat. Es kommt so herein, wie Erinnerungen hereinkommen, und der Mensch beginnt zu verstehen, was sich während des Schlafes vollzieht, wie er ein gehabtes Erlebnis durch die Erinnerung verstehen lernt.

Im inspirierten Bewusstsein taucht das Erleben dessen auf, was während des Schlafes außerhalb des Menschen ist, und es wird aus einem Unbekannten zu einem Bekannten.

Der Mensch lernt erkennen, was während des Schlafes das tut, was aus ihm herausschlüpft.

Wenn wir in Sprache verwandeln würden, was wir im Wachleben mit dem Atem erleben, so würden wir sagen: Ich verdanke es dem Element, das ich einatme, dass ich innerlich mit Leben durchsetzt werde. Ich könnte es nimmermehr dem Element, das ich ausatme, verdanken, dass ich lebe, denn das ist etwas Tötendes. Sind wir aber während des Schlafes außerhalb unseres Leibes, wie wir es vorhin erschlossen haben, dann wird uns die eigene Luft, die wir ausatmen, gerade zu einem außerordentlich sympathischen Element.

Während wir wach waren, haben wir nicht beachtet, was mit der Ausatmungsluft erlebt wird, da haben wir nur die Einatmungsluft beachtet, die das Belebende gibt, wenn wir mit unserer Seele in unserem physischen Leib drinstecken. Aber wir haben im Schlaf dasselbe, ja ein noch gehobeneres Gefühl gegenüber der Luft, die wir meiden, wenn sie ausgeatmet in einem Raum ist. Wir reden davon, dass wir diese ausgeatmete Luft nicht mögen, der physische Leib kann sie auch während des Schlafes nicht vertragen. Aber das Seelisch-Geistige, das außerhalb des Leibes ist, das «atmet ein» gerade die ausgeatmete Kohlensäure.

Es ist ein geistiger Vorgang, es ist kein physischer Atmungsprozess, es ist ein Entgegennehmen des geistigen Eindrucks, den die ausgeatmete Luft macht. Aber nicht nur das. In dieser ausgeatmeten Luft bleiben wir auch während des Schlafes mit unserem physischen Leib in Verbindung. Wir gehören dazu, weil wir uns sagen: Der diese ertötende Luft ausatmet, der ist mein Leib – wir sagen es unbewusst.

Wir fühlen uns mit unserem Leib dadurch verbunden, dass er uns die Atmungsluft in diesem ertötenden Zustand zurückgibt. Wir fühlen uns im Schlaf ganz in der Atmosphäre, die wir selbst ausatmen.

Aber das, was wir da ausatmen, das trägt uns die Geheimnisse unseres Innenlebens fortwährend entgegen. Wir nehmen sie für das gewöhnliche Bewusstsein, das im Schlaf ist, unbewusst auf, wir nehmen sie nur unserem Innenleben nach wahr. Es sprüht aus uns die ausgeatmete Luft, und diese ausgeatmete Luft erscheint uns so, dass wir sagen: Das bin ich selbst, das ist meine innere Menschlichkeit, die in das Weltall aussprüht. Wie ein Sonnenhaftes erscheint uns das, was uns in der ausgeatmeten Luft als unser eigener Geist entgegenströmt.

Und jetzt wissen wir: Das ist der astralische Leib des Menschen, der den Schauplatz geändert hat. Jetzt wissen wir, dass der astralische Leib des Menschen, wenn er im physischen Leib ist, an der Einatmungsluft sein Gefallen hat, wenn ich mich so ausdrücken darf, und diese Einatmungsluft im Unbewussten dazu verwendet, die organischen Prozesse in Bewegung zu setzen, sie mit innerer Regsamkeit zu durchströmen. Jetzt wissen wir aber auch: Der astralische Leib ist, während wir schlafen, außerhalb des physischen Leibes und empfängt gefühlsmäßig in der ausgeatmeten Luft die Geheimnisse der eigenen menschlichen Wesenheit. Während wir uns hinaussprühend in den Kosmos hineinbewegen, schaut die Seele unbewusst, erst in der Inspiration bewusst, auf das, was da ein innerlicher Prozess ist.

Und es entsteht ein merkwürdiger Eindruck. Es ist so, wie wenn sich aus dem Dunkel das abheben würde, was da vom schlafenden Menschen entgegenkommt, wie wenn dahinter etwas Dunkles wäre. Und vor diesem Dunklen erscheint – wir können nicht anders sagen als: leuchtend –, es erscheint leuchtend, was Ausströmungsluft ist. Was da vor dem Dunklen ist, das erkennen wir seiner Wesenheit nach daran, dass uns dabei die täglichen Gedanken verlassen und in dem, was da aus dem Menschen herausflutet, das auftaucht, was wir die waltenden Weltgedanken nennen können, die objektiven Gedanken, die schaffend sind. Hier ist das Dunkle (s. Tafelzeichnung S. 120, links rot), hier das aussprühende Helle (gelb): In dem treten allmählich die schaffenden Weltgedanken auf (rote Striche).

Was da dunkel ist, das ist eine Dunkelheit, eine Finsternis, die sich über die gewöhnlichen, alltäglichen Gedanken, über die Gehirngedanken, erstreckt. Wir bekommen sehr genau den Eindruck: Was wir für das physische Erdleben als das Wichtigste halten, das verdunkelt sich, sobald wir aus dem physischen Leib heraus sind. Wir merken viel intensiver, als wir das im gewöhnlichen Bewusstsein voraussetzen können, dass diese Gedanken von dem physischen Werkzeug, von dem Gehirn abhängig sind. Das Gehirn hält wie an ihnen klebend die Alltagsgedanken, die gewöhnlichen Gedanken zurück.

Da draußen brauchen wir nicht mehr in demselben Sinne zu denken, wie wir im Alltagsleben denken. Denn da schauen wir die Gedanken, die durch das fluten, was uns in der ausströmenden Atemluft als unser Selbst erscheint. So merkt die inspirierte Erkenntnis, dass der astralische Leib während des Wachens im physischen Leib ist und die Verrichtungen, die er im physischen Leib zu vollziehen hat, mithilfe der eingeatmeten Luft vollzieht; und sie merkt, wie dieser astralische Leib, wenn er während des Schlafes außerhalb ist, die Eindrücke des eigenen menschlichen Wesens im Ausatmen entgegennimmt.

Während des Wachens ist unsere Außenwelt das, was uns als Horizont umgibt, die Welt, auf der wir in der irdischen Umgebung stehen mit dem, was sich darüber als das Himmelsgewölbe wölbt. Während des Schlafes wird unsere Außenwelt das, was innerhalb unserer Haut ist, was im Wachen unsere Innenwelt ist – nur dass wir das fühlen, was uns in der Ausatmungsluft entgegenströmt. Eine gefühlte Außenwelt haben wir zunächst, aber dann tritt noch etwas anderes ein.

Während des Wachens bleibt dem Menschen auch das unbewusst, was sich an den Atmungsprozess anschließt: der Blutzirkulationsprozess, der Blutkreislaufprozess. Auch dieser bleibt während des Wachens unbewusst. Während des Schlafes beginnt er aber sehr bewusst zu werden.

Er beginnt, wie eine ganz neue Welt aufzutauchen, und zwar wie eine Welt, die nicht bloß gefühlt wird, die wir beginnen, von einem anderen Gesichtspunkt aus zu verstehen, als wir sonst mit dem gewöhnlichen Bewusstsein die äußeren Dinge verstehen. Wie wir auf die äußeren Vorgänge der Natur während des Wachlebens hinsehen, so sehen wir im Schlaf mit dem intuitiven Bewusstsein auf diesen Zirkulationsprozess hin – aber der Wille als Lebensvorgang bleibt sonst beim Schläfer im Unbewussten vorhanden. Jetzt lernen wir durch Intuition erkennen, dass all das, was wir durch den im gewöhnlichen Bewusstsein unbewussten Willen entwickeln, dass das überall im Inneren einen Gegenprozess hat.

Wenn wir irgendeinen Schritt machen, findet nicht nur das statt, dass wir unseren Ort draußen verändern, dass wir unseren Körper an einen anderen Ort hintragen, sondern es findet auch das andere statt, meine lieben Freunde, dass sich in unserem Inneren ein wärmeartiger Prozess abspielt, der Luftiges in sich trägt. Der ist der äußere Ausläufer dessen, was sich innerlich gleichartig damit als Stoffwechselprozess im Zusammenhang mit dem Blutkreislauf abspielt. Während wir mit dem gewöhnlichen Bewusstsein die Ortsveränderung des Menschen draußen als Äußerung des Willens bemerken, schauen wir jetzt auf uns zurück und finden lauter Prozesse, die sich im Inneren des Menschen abspielen, das jetzt unsere äußere Welt ist.

Diese Prozesse, auf die wir da hinschauen, die sind nicht so, wie sie der heutige Naturforscher oder Mediziner aus der gewöhnlichen Anatomie heraus konstatiert, sondern sie sind großartige geistige Prozesse, sie sind Prozesse, die ungeheuer viele Geheimnisse bergen. Es sind Prozesse, die schon in sich selbst zeigen, dass der treibende Motor, der da im Inneren des Menschen wirkt, gar nicht das gegenwärtige Ich ist. Es ist ein bloßer Gedanke, was der Mensch im gewöhnlichen Leben sein Ich nennt. Aber was da im Menschen wirkt, das ist das Ich des vorigen Erdleben.

Und wir schauen, wie in diesem ganzen innerlichen Verlauf von Wärmeprozessen drinnen aus weit zurückliegenden Zeiten das reale Ich wirkt, das durch die Zeitentwicklung zwischen dem Tod und einer neuen Geburt durchgegangen ist. Wir schauen, wie da drinnen ein ganz Geistiges wirkt, wie der geringste und der stärkste Stoffwechselprozess überall der Ausdruck dessen ist, was die höchste Wesenheit des Menschen ist. Wir kommen darauf, dass das Ich seinen Schauplatz gewechselt hat. Drinnen wirkt es in der Verbreitung des Atems, in einem bloßen Atmungsprozess. Aber das, was aus dem Atmungsprozess als Wärmeentwicklung hervorgeholt wird, das schauen wir jetzt von außen an. Wir schauen das wirksame Ich, wir schauen, wie es aus Urzeiten als reales Ich des Menschen wirkt und den Menschen organisiert.

Jetzt beginnen wir zu wissen, dass das Ich und der astralische Leib während des Schlafes den physischen und Ätherleib verlassen haben, außer ihnen sind, und all das, was sie sonst von innen erleben und treiben, jetzt von außen erleben und treiben.

Das ist aber so, dass für das gewöhnliche Bewusstsein die Ich-Organisation und die astralische Organisation noch zu schwach sind, zu wenig entwickelt sind, um das bewusst mitzuerleben. Die Inspiration und die Intuition bestehen darin, den Astralleib und das Ich innerlich so zu organisieren, dass sie das wahrnehmen können, was sonst nicht wahrnehmbar ist.

Durch die Inspiration werden wir auf das geführt, was im Menschen der astralische Leib ist, durch die Intuition auf das, was im Menschen das Ich ist. Intuition und Inspiration sind während des Schlafes im Ich und astralischen Leib unterdrückt. Aber wenn sie erweckt werden, dann schaut sich der Mensch durch sie von außen an. Und was ist dieses, dass wir uns von außen anschauen?

Erinnern wir uns an das, was wir gestern gesagt haben. Wir haben gesagt: Da ist der Mensch in seiner gegenwärtigen Inkarnation (s. Tafelzeichnung S. 121, runde gelbe Fläche). Wenn er etwas zurückgeht, hat er seinen Ätherleib, der bis zur Geburt oder Empfängnis hingeht (gelbe Linie nach links); aber sein astralischer Leib führt ihn hinein in die ganze Zeit (rote Fläche nach links), die zwischen dem letzten Tod und dieser Geburt verflossen ist. Und die Intuition führt ihn in das vorangehende Erdleben zurück (runde gelbe Fläche links davon).

Wenn wir schlafen, so bedeutet das nichts anderes, als dass wir das Bewusstsein, das sonst im physischen Leib ist, zurückverlegen, zurückführen, dass wir mit ihm zurückkehren [leere Klammer in der Klartextnachschrift von H. Finckh]. Der Schlaf ist unser Zurücklaufen in der Zeit bis zu dem, von dem wir gestern gesagt haben, dass es dem gewöhnlichen Bewusstsein als vergangen erscheint, aber da ist.

Wir müssen auch die Begriffe ändern, wenn wir zum Erfassen des Geistigen kommen wollen. Wir müssen die Begriffe ändern gegenüber den Begriffen, die wir gewohnt sind, im physischen Leben zu verwenden. Wir müssen uns bewusst werden, dass der Schlaf jedes Mal ein Zurückgehen ist in die Gefilde, die wir im vorirdischen Dasein durchgemacht haben, sogar ein Zurückgehen in frühere Inkarnationen. Der Mensch erlebt während des Schlafes das, was früheren Inkarnationen angehört, und auch das, was er im vorirdischen Dasein durchgemacht hat – nur kann er es nicht erfassen.

Über den Zeitbegriff müssen wir eine völlige Begriffsmetamorphose durchmachen. Der Zeitbegriff muss ein ganz anderer werden. Wenn wir über jemanden die Frage stellen: Wo ist er, wenn er schläft?, dann müssen wir sagen: Er ist zu seinem vorirdischen Dasein und zu seinem früheren Erdleben zurückgekehrt. Populär ausgedrückt sagen wir: Der Mensch ist außerhalb seines physischen und seines Ätherleibes; das Reale dazu ist das, was wir gerade auseinandergesetzt haben.

Das ist das, was sich als rhythmischer Wechselzustand zwischen Wachen und Schlafen darstellt.

Ganz andere Verhältnisse treten mit dem Tod des Menschen ein. Da ist das Auffälligste, dass der Mensch seinen physischen Leib innerhalb des irdischen Lebens zurücklässt, der von den Kräften der physischen Welt aufgenommen und zersprüht wird, zerstört wird. Er kann jetzt nicht mehr die Eindrücke hervorrufen, die wir beschrieben haben als vor dem Menschen im Schlaf durch die ausgeatmete Luft auftretend, denn er atmet nicht mehr aus. Der physische Leib ist in allen seinen Verrichtungen für den Menschen verloren. Aber etwas ist nicht verloren, dem wir sein Nichtverlorensein auch für das gewöhnliche Bewusstsein ansehen können, meine lieben Freunde.

Wir haben in unserem Seelenleben das Denken, das Fühlen und das Wollen. Aber über dieses Denken, Fühlen und Wollen hinaus haben wir noch etwas Besonderes: Das ist die Erinnerung. Wie denken nicht nur über das nach, was gegenwärtig vor uns oder um uns ist, sondern unser Inneres birgt Reste auch von dem, was wir früher durchlebt haben.

In Gedanken tritt wieder etwas auf, was wir früher schon durchlebt haben.

Über die Erinnerung haben insbesondere die merkwürdigen Leute, die man Psychologen, die man Seelenforscher in der Welt nennt, ganz kuriose Gedanken entwickelt. Da sagen solche Seelenforscher das Folgende: Der Mensch gebraucht seine Sinne, er nimmt dies und jenes wahr, er denkt darüber nach. Jetzt hat er die Gedanken. Er geht dann weg und vergisst das Ganze. Nach einiger Zeit hebt er wieder das Ganze aus seinem Gedächtnis hervor. Eine Erinnerung an das, was einmal da war, tritt ein. Er kann sich wieder das vorstellen, was nicht mehr gegenwärtig ist, was vergangen ist und was er sich in der Zwischenzeit nicht vorgestellt hat. Das kann er sich wieder vorstellen. Deshalb meinen diese Leute: Der Mensch hat sich eine Vorstellung, einen Gedanken an dem Erlebnis gebildet, der Gedanke ist irgendwo hinuntergegangen, ist da in irgendeinem Schrank oder Kasten drinnen, und wenn der Mensch sich wieder daran erinnert, so kommt der Gedanke aus diesem Schrank heraus. Entweder springt er frei heraus, oder er wird herausgeholt.

Das, was so vorstellt, ist schon das Musterbild eines verworrenen Denkens! Denn dieser ganze Glaube, dass der Gedanke da irgendwo sitzt, von wo er hervorgeholt wird, entspricht gar nicht dem Tatbestand, der vorliegt. Vergleichen wir nur einmal eine unmittelbare Wahrnehmung, die wir haben und an die wir einen Gedanken anknüpfen, vergleichen wir sie damit, wie eine Erinnerungsvorstellung, ein Erinnerungsgedanke auftaucht. Sie unterscheiden sich gar nicht. Wir haben draußen einen Sinneseindruck, daran schließt sich ein Gedanke. Der Gedanke ist da, er schließt sich an den Sinneseindruck an. Das, was hinter dem Sinneseindruck ist und den Gedanken hervorruft, das nennen wir gewöhnlich auch ein Unbekanntes. Der Gedanke, der aus dem Inneren als Erinnerungsgedanke aufsteigt, der ist gar nicht anders als der Gedanke, der außen an der Wahrnehmung auftritt.

Das eine Mal haben wir es so: Wenn wir hier den Menschen, schematisch gezeichnet (s. Tafelzeichnung S. 121, Kopf rechts) haben, seine Umgebung hier (rot vor dem Gesicht), dann tritt der Gedanke von außen auf (roter Pfeil von außen ins Auge), er tritt an der Umgebung auf. Das andere Mal kommt der Gedanke von innen, da ist er ein Erinnerungsgedanke (Pfeil von unten). Nur die Richtung, von der er kommt, ist eine andere. Aber wenn wir glauben, dass der Gedanke, der ein Erinnerungsgedanke ist, irgendwo drinnen sitzt, dann müssen wir auch glauben, dass der Gedanke, den wir uns über einen Baum machen, auch irgendwo draußen sitzt – nur dass er von einer anderen Richtung herkommt.

Aber es ist mit der Erinnerung gar nicht so. Während wir etwas wahrnehmen, geht fortwährend unterhalb der Vorstellung, unterhalb des Denkens, etwas vor sich. Es ist so: Wir nehmen denkend wahr, aber das Wahrgenommene geht auch in unseren Körper hinein. Der Gedanke hebt sich nur ab, es geht auch etwas in unseren Körper hinein. Und das nehmen wir nicht wahr. Das spielt sich ab, es bewirkt einen Eindruck, während wir «darüber» nachdenken. Es ist nicht der Gedanke, was da hinuntergeht, sondern es ist etwas ganz anderes. Und dieses ganz andere ruft wieder einen Vorgang hervor, den wir später wahrnehmen und über den wir den

Erinnerungsgedanken so bilden, wie wir an der Außenwelt den Gedanken bilden.

Der Gedanke ist immer gegenwärtig. Das zeigt schon die unbefangene Beobachtung, dass es so ist, dass der Gedanke nicht irgendwo in einem Kästchen aufbewahrt wird, sondern immer ein gegenwärtiger Vorgang ist, der sich abspielt, und den wir bei der Erinnerung genauso in einen Gedanken verwandeln, wie wir die äußere Wahrnehmung in einen Gedanken verwandeln.

Ich muss Sie mit diesen Erwägungen belasten, weil Sie sonst nicht zum Verständnis der Erinnerung kommen. Kinder wissen, wenn auch nur halb bewusst – manchmal aber auch die Erwachsenen in besonderen Fällen –, Kinder wissen, dass der Gedanke nicht hinuntergehen will. Wenn sie etwas memorieren wollen, da nehmen sie ganz andere Dinge zu Hilfe. Manche nehmen das Lautsprechen zu Hilfe, manche machen ganz merkwürdige Gesten, wenn sie sich irgendetwas einbläuen. Es handelt sich darum, dass parallel dem bloßen Vorstellungsprozess laufend noch ein ganz anderer Prozess sich abspielt. Und das, an das wir uns erinnern, das ist das Allerwenigste von dem, was dabei in Betracht kommt.

Wir gehen vom Aufwachen bis zum Einschlafen fortwährend durch die Welt, von allen Seiten her kommen die Eindrücke. Wir beachten nur wenige davon, aber sie beachten uns alle. Es prägt sich vieles, vieles in uns ein, was nicht erinnert wird. Da in den Tiefen unseres Wesens sitzt eine reiche Welt, von der wir nur einzelne Fetzen in die Gedanken heraufbekommen. Diese Welt, die ist in uns eingesperrt, sie ist wie ein tiefes Meer in uns. Und das, was

Erinnerungsvorstellung ist, schlägt wie einzelne Wellenschläge herauf, aber das ist alles in uns. Was in dieser Weise in uns ist, das hat uns nicht die physische Welt gegeben – und sie kann es uns auch nicht nehmen. Wenn der physische Leib des Menschen abfällt, dann ist diese ganze Welt noch da, sie haftet an unserem Ätherleib.

Unmittelbar nach dem Tod trägt der Mensch all seine Erlebnisse an sich wie in seinem Ätherleib eingeprägt. Wie zusammengerollt trägt er sie alle in sich.

Und das Nächste, was der Mensch unmittelbar nach dem Tod erlebt, das ist, dass nicht nur die gewöhnlichen Erinnerungsfetzen da sind, die im irdischen Bewusstseins auftreten, sondern dass all das da ist, was Eindruck auf den Menschen gemacht hat. Der Mensch hat vor sich sein ganzes Leben mit all dem, was einen Eindruck auf ihn gemacht hat. Er müsste im ewigen Anschauen seines irdischen Lebens bleiben, wenn nicht etwas anderes gegenüber dem Ätherleib eintreten würde, als durch die Erde und ihre Kräfte gegenüber dem physischen Leib eintritt. Die Elemente der Erde übernehmen den physischen Leib und zerstören ihn. Der Weltäther – von dem wir gesagt haben, er wirkt aus der Peripherie herein, er strahlt herein –, der zerstrahlt nach dem Tod das, was da eingeprägt ist, nach allen Seiten des Kosmos.

Sodass der Mensch als erstes Erlebnis nach dem Tod dieses Erlebnis hat: Während des Erdlebens hat vieles, vieles auf mich einen Eindruck gemacht. Das ist alles meinem Ätherleib eingeprägt. Jetzt überschaue ich es, aber ich überschaue es immer undeutlicher. Wenn ich einen Baum sehe, der während des Lebens einen starken Eindruck auf mich gemacht hat, dann ist es so: Ich sehe den Baum zuerst in der Größe, in der er vom physischen Raum aus den Eindruck auf mich gemacht hat; dann wächst er, dann wird er größer, aber auch schattenhafter; er wird immer größer, er wächst ins Riesenhafte aus; er wird immer größer und immer schattenhafter. Und so ist es mit Menschen: Ich habe im Leben einen Menschen in seiner Gestalt kennengelernt; ich habe ihn unmittelbar nach dem Tod so vor mir, wie er sich in meinen Ätherleib eingeprägt hat; dann wächst er und wird immer schattenhafter. Alles wird immer größer und immer schattenhafter, bis es sich zum ganzen Kosmos auswächst, und damit ganz schattenhaft wird, ganz verschwindet.

Darüber vergehen einige Tage. Alles ist dann ins Riesenhafte übergegangen, alles ist schattenhaft geworden durch dieses Riesigwerden und Abnehmen an Intensität. Das ist der Ätherleib, der wie ein zweiter Leichnam abfällt – aber das heißt, er wird vom Kosmos dem Menschen weggenommen. Jetzt ist der Mensch in seinem Ich und in seinem astralischen Leib. Was sich seinem Ätherleib eingeprägt hatte, das ist in den Kosmos ausgeflossen, das ist jetzt im Kosmos drinnen.

Wir sehen das Wirken der Welt hinter den Kulissen unseres eigenen Daseins. Wir sind als Menschen in die Welt hineingestellt.

Während das Erdleben abläuft, wirkt die ganze Welt auf uns ein. Wir rollen das zusammen, was da einwirkt. Die Welt gibt uns vieles, und wir halten es zusammen. In dem Augenblick, wo wir sterben, nimmt die Welt das in sich auf, was sie uns gegeben hat, aber sie empfängt dadurch etwas Neues. Wir haben alles in einer besonderen Weise erlebt.

Das, was die Welt von uns empfängt, ist etwas anderes als das, was sie uns gegeben hat. Sie nimmt von uns unser ganzes Leben in sich auf. Sie prägt sich selbst, ihrem eigenen Äther, unser ganzes Leben ein.

Jetzt stehen wir in der Welt da und sagen uns, indem wir dieses Erlebnis mit unserem Ätherleib haben: Wir sind nicht bloß für uns in der Welt da, sondern die Welt hat etwas vor mit uns. Die Welt hat uns hereingestellt, damit sie das, was in ihr ist, durch uns durchgehen lässt und es in der von uns veränderten Gestalt wieder empfängt. Wir sind als Mensch nicht bloß für uns da, wir sind in Bezug auf unseren ätherischen Körper für die Welt da. Die Welt hat die Menschen nötig, weil sie sich durch sie in ihrem eigenen Inhalt immer wieder erneuert. Es ist nicht ein Stoffwechsel, aber ein «Gedankenwechsel» zwischen der Welt und dem Menschen. Die Welt gibt ihre Weltgedanken an den menschlichen Ätherleib ab, und sie empfängt sie im vermenschlichten Zustand wieder zurück. Der Mensch ist nicht nur um seiner selbst willen da, der Mensch ist um der Welt willen da.

Meine lieben Freunde! Ein solcher Gedanke darf nicht ein bloß theoretisch-abstrakter Gedanke bleiben. Er kann es auch nicht. Man müsste ein Mensch ohne lebendiges Gefühl sein, ein Wesen aus Papiermaché, wenn ein solcher Gedanke ein bloßer Gedanke bleiben könnte – wobei ich nicht sagen will, dass unsere Zivilisation nicht dazu geeignet ist, gegenüber solchen Dingen den Menschen so gefühllos zu machen, wie wenn er aus Papiermaché wäre. Manchmal können einem die Zivilisationsmenschen der Gegenwart so erscheinen, als ob sie aus Papiermaché wären.

Durch einen solchen Gedanken verliert der Mensch nicht das Fühlen und Empfinden mit der Welt. Er tritt unmittelbar an das heran, wovon wir ausgegangen sind. Wir sind davon ausgegangen, dass wir gesagt haben: Der Mensch fühlt sich in zweifacher Weise fremd der Welt gegenüber. Auf der einen Seite ist die äußere Natur, von der er nur sagen kann, dass sie ihn seinem physischen Leib nach zerstört; auf der anderen Seite ist sein innerliches Leben, sein Seelenleben, das aufglüht, das aufsprüht und absprüht, wieder aufsprüht und absprüht – was für ihn wieder zum Welträtsel wird.

Jetzt beginnt der Mensch aus einer geistigen Betrachtung heraus zu fühlen: Er ist der Welt nicht fremd, sondern die Welt gibt ihm etwas, die Welt nimmt wiederum von ihm etwas. Der Mensch beginnt, sich innig mit der Welt verwandt zu fühlen.

Die beiden Gedanken, die wir erwähnt haben, und die Rätselgedanken sind – O Natur, du zerstörst nur meinen physischen Leib; ich habe mit dir in meinem Inneren keine Verwandtschaft, trotz Denken, Fühlen und Wollen, die aufglimmen und wieder absprühen, ich habe mit dir meinem wirklichen Sein nach keine Verwandtschaft –, diese beiden Gedanken, die die Welträtsel in uns hervorzaubern, sie bekommen ein neues Gesicht, wenn wir jetzt beginnen, uns mit der Welt verwandt zu fühlen, uns wie ein Organisches zu fühlen, das in der Welt drinnen ist, das in den Weltprozess verwoben ist.

Und so ist der Beginn anthroposophischer Betrachtung der: Freundschaft zu schließen mit der Welt, Bekanntschaft zu schließen mit der Welt, die uns in einer äußeren Betrachtung zunächst abgestoßen hat.

Ein Menschlicher-Werden ist die anthroposophische Erkenntnis. Und wer diese Gefühls-, diese Herzensnuance in die anthroposophische Erkenntnis nicht aufnehmen kann, der hat von der Anthroposophie nicht das Rechte. Denn die theoretische Anthroposophie ist etwas, was man damit vergleichen kann, dass man sagt: Jemand verlangt gar sehr, einem Menschen wieder zu begegnen, den er einmal gekannt hat oder der ihm durch irgendetwas nahegetreten ist – und man reicht ihm eine Fotografie. Er kann an der Fotografie vielleicht eine Freude haben, aber warm kann er nicht werden, denn das Lebendige dieses Menschen tritt ihm damit nicht entgegen.

Das, was theoretische Anthroposophie ist, ist die Fotografie dessen, was die Anthroposophie sein will. Sie will ein Lebendiges sein. Sie will sich der Worte, der Begriffe, der Ideen nur bedienen, um ein Lebendiges aus der geistigen Welt in die physische Welt hereinstrahlen zu lassen. Anthroposophie will nicht nur Erkenntnis vermitteln, sie will Leben erwecken. Und sie kann das. Aber, um ihr Leben zu fühlen, müssen wir selbst Leben ihr entgegenbringen.

Das ist dasjenige, meine lieben Freunde, was ich wie eine erweiterte Einleitung zu den nächsten Tagen habe geben wollen.[14]

---

14 Ich werde am nächsten Freitag fortfahren. Ich werde dann ankündigen lassen, wann die nächsten Vorträge sind.

Jetzt bitte ich, so wie ich gestern angekündigt habe, dass diejenigen Freunde, welche länger als zwei Jahre wirkliche Mitglieder sind, und die mir angekündigt haben, dass sie gewillt sind, in die erste Klasse der Freien Hochschule für Geisteswissenschaft einzutreten, noch etwas dableiben. Ich werde dann bitten, an diese Mitglieder, an diese Freunde, einige Worte richten zu können. Also nur diejenigen verehrten Freunde, bitte ich dazubleiben, die zwei Jahre Mitglied sind.

Nächsten Freitag um 8 Uhr ist also der nächste Vortrag.

Siebter Vortrag

Zwei Arten von Träumen

Wie Traumbilder zu Imaginationen werden

Dornach, 8. Februar 1924

Meine lieben Freunde!

In den letzten Tagen haben wir darauf aufmerksam gemacht, dass die Initiationswissenschaft auf die Wechselzustände von Schlafen und Wachen hinweisen muss, die der Mensch aus seinem gewöhnlichen Bewusstsein heraus kennt und durch die er einen Weg der Annäherung an die Geheimnisse des Menschendaseins finden kann.

Aus dem Schlaf taucht herauf ein seelisches Leben, ein Traumleben, das mit Recht von dem gewöhnlichen Bewusstsein nicht ernst genommen wird, wenn dieses gewöhnliche Bewusstsein nicht gerade eine mystische Anlage oder dergleichen hat. Das Traumleben wird mit Recht von dem nüchternen Menschen nicht ernst genommen, weil er sieht, dass dieses Traumleben ihm allerlei Bilder als Reminiszenzen aus dem gewöhnlichen Leben zeigt, aber wenn er das, was er im gewöhnlichen Leben kennenlernt, mit diesem Traumleben vergleicht, so muss er sich an das gewöhnliche Leben halten und dieses gewöhnliche Leben seine Wirklichkeit nennen. Das Traumleben kommt mit seinen Kombinationen der gewöhnlichen Wirklichkeitserlebnisse, und der Mensch kommt im gewöhnlichen Bewusstsein nicht zurecht, wenn er sich fragt: Was bedeutet für die Gesamtwesenheit des Menschen dieses Traumleben?

Betrachten wir dieses Traumleben, so wie es sich gibt, meine lieben Freunde, dann können wir zwischen zwei ganz spezifischen, zwei voneinander verschiedenen Traumarten unterscheiden.

Die eine Traumart zaubert vor unsere Seele Bilder von äußeren Erlebnissen. Wir haben vor Jahren oder vor Kurzem, vor Tagen, dies und jenes erlebt. Wir haben es in einer bestimmten Weise erlebt. Der Traum zaubert aus dem Schlaf ein den äußeren Erlebnissen mehr oder weniger ähnliches oder auch unähnliches Bild, zumeist ein unähnliches Bild herauf. Wenn der Mensch dann darauf kommt, dass solch ein Traumbild irgendeinen Zusammenhang mit einem äußeren Erlebnis hat, dann fällt ihm gerade auf, wie verändert dieses äußere Erlebnis im Traum ist. Zumeist tritt aber das ein, dass der Mensch das Traumbild erlebt und es gar nicht auf dieses oder jenes Erlebnis mit der äußeren Welt bezieht, weil ihm die Ähnlichkeit gar nicht auffällt.

Aber wenn wir genauer auf dieses Traumleben eingehen, auf diese Art des Traumlebens, die äußere Erlebnisse verändert in Bildern vor die Seele zaubert, dann finden wir, dass irgendetwas im Menschen diese Erlebnisse erfasst, ergreift, sie aber nicht so festhalten kann, wie der Mensch sie festhält, wenn er sich im wachen Zustand der Organe seines physischen Leibes bedient und in der Erinnerung Bilder entstehen, die den äußeren Erlebnissen gleich sind, möglichst gleich sind. In der Erinnerung haben wir treue Bilder des äußeren Lebens, wenigstens mehr oder weniger treue

Bilder. Es gibt auch Menschen, die in ihren Erinnerungen träumen, aber das betrachtet man als eine Abnormität. In den Erinnerungen haben wir mehr oder weniger treue Bilder des Lebens. In den Traumbildern haben wir aber veränderte Bilder des Lebens. Das ist die eine Art zu träumen.

Die andere Art zu träumen ist für die Erkenntnis des Traumlebens noch charakteristischer. Das ist die, wenn der Mensch zum Beispiel träumt, er sieht eine Reihe von Pfeilern, von weißen Pfeilern, von denen der eine schadhaft, der andere vielleicht schmutzig ist. Er wacht auf mit diesem Traum und merkt, er hat Zahnschmerzen. Und er kommt darauf: In dieser Reihe von Pfeilern ist wie symbolisch die Zahnreihe ausgedrückt. Der eine Zahn schmerzt: Dafür ist der Pfeiler schadhaft oder vielleicht schmutzig. Oder der Mensch wacht auf mit dem Traum eines kochenden Ofens, und er merkt, er hat Herzklopfen. Oder er wird im Traum davon gequält, dass ein Frosch an seine Hand herankommt, die Hand umfasst den Frosch, der weichlich ist. Es schaudert ihn im Traum. Er wacht auf und hat den Zipfel seiner Bettdecke in der Hand. Er hat ihn im Schlaf ergriffen. Aber es kann viel weiter gehen. Der Mensch träumt von allerlei Schlangengebilden, und er wacht auf mit Gedärmschmerzen.

Da kommt der Mensch darauf, dass es eine zweite Art von Träumen gibt, Träume, die in bildhaft-symbolischer Art die inneren Organe des Menschen ausdrücken. Und dann, wenn der Mensch es einmal erkannt hat, wie gewisse Träume mit ihren merkwürdigen Bildern Sinnbilder von inneren Organen darstellen, dann wird er lernen, gerade nach dieser Richtung hin vieles von den Traumgebilden zu deuten.

Ein Mensch geht träumend in ein Kellergewölbe hinein. Es ist oben schwarz, und Spinnweben breiten sich aus. Das ist ein abscheulicher Anblick. Er wacht auf, und er spürt, er hat Kopfschmerzen. Diese Kopfschmerzen, also das Innere des Schädels, drückt sich in dem Kellergewölbe aus. Der Mensch merkt, wie die Gehirnwindungen in den eigentümlichen Bildungen symbolisiert sind, die das Kellergewölbe ausmachen. Und wenn der Mensch nach dieser Richtung seine Studien weiter fortsetzt, dann wird er finden, dass alle Organe in solch bildhafter Weise ihm im Traum erscheinen können.

Hier liegt etwas, was durch den Traum sehr stark auf das ganze innere Leben des Menschen hinweist. Es gibt Menschen, die machen aus dem Traum heraus, richtig träumend, die Motive von ganz schönen Malereien. Wer Studien über diese Dinge angestellt hat, der weiß, welche inneren Organe in solchen Malereien festgehalten sind, verändert symbolisiert sind. Es ist zuweilen eine außerordentliche Schönheit in solchen Malereien enthalten. Und wenn dann der Betreffende hört, welches Organ er in einer solchen schönen Malerei symbolisiert hat, dann erschrickt er ganz lebhaft, denn das Organ achtet er nicht in derselben Weise wie seine Malerei.

Diese zwei Arten von Träumen können sehr gut voneinander unterschieden werden, wenn wir uns nur auf eine intime Betrachtung der Traumwelt einlassen. Wir haben es bei der einen Art der Träume mit dem zu tun, was Bilder der Erlebnisse sind, die wir als Menschen in der äußeren Welt gehabt haben. Wir haben es bei der anderen Art von Träumen mit bildhaften Vorstellungen des eigenen organischen Inneren zu tun.

Bis zu diesem Punkt ist die Betrachtung der Traumwelt verhältnismäßig leicht zu machen. Und die meisten Menschen, die man aufmerksam darauf macht, dass es diese zwei Arten von Träumen gibt, werden sich erinnern, dass ihre eigenen Erlebnisse diese Gliederung der Träume rechtfertigen. Aber worauf weist diese Gliederung der Träume hin?

Wenn wir auf die erste Art der Träume eingehen, sie ein wenig in Bezug auf die besondere Art der Bilder betrachten, dann kommen wir darauf, dass die verschiedensten äußeren Erlebnisse durch den gleichen Traum – und wiederum ein und dasselbe Erlebnis bei verschiedenen Menschen durch verschiedene Träume – abgebildet werden können.

Nehmen wir an, jemand hat den Traum, er kommt an einen Berg heran. Der Berg hat eine Art Eingang, eine Höhlung. In diese Höhlung scheint noch die Sonne hinein. Der Mensch geht im Traum da hinein, es beginnt bald dunkel zu werden, dann wird es ganz finster. Der Träumende tastet sich weiter fort. Er kommt an ein Hindernis. Er spürt, da drinnen ist ein kleiner See. Er ist in großer Gefahr. Der Traum nimmt einen dramatischen Verlauf.

Solch ein Traum kann die verschiedensten äußeren Erlebnisse darstellen. Dasselbe Traumbild, wie wir es jetzt geschildert haben, kann sich darauf beziehen, dass jemand einmal ein Eisenbahnunglück mitgemacht hat. Was er da erlebt hat, das drückt sich ihm vielleicht nach Jahren in dem geschilderten Traumerlebnis aus, das in den Bildern ganz anders ist als das, was er durchgemacht hat. Er kann auch ein Schiffsunglück erlebt haben. Er kann auch erlebt haben, dass ihm ein Freund untreu geworden ist – und so weiter.

Wenn wir das Traumbild mit dem Erlebnis vergleichen und intim betrachtend vorgehen, dann werden wir finden: Der Inhalt der Traumbilder ist nicht von großer Bedeutung, aber die Dramatik, der Verlauf ist von großer Bedeutung – ob es eine Erwartung gibt, ob die Erwartung zu einer Entspannung führt, ob die Erwartung in eine Krisis hineinführt. Der ganze Gefühlszusammenhang setzt sich in das Traumleben um.

Und wenn wir von da ausgehend den Menschen auf seine Träume der ersten Art prüfen – wir dürfen es nur nicht so machen, wie die Psychiater es machen, die alles über einen Leisten schlagen –, wenn wir den Menschen auf diese Art von Traumbildern hin prüfen, dann finden wir, dass diese Traumbilder vor allen Dingen ihren Charakter von der ganzen Art bekommen, wie der Mensch ist, von der Individualität seines Ich. Wir lernen, wenn wir uns auf Träume verstehen, nicht auf Träumedeuten, sondern auf Träume verstehen, wir lernen den Menschen aus seinen Träumen oft besser erkennen, als wir ihn kennenlernen, wenn wir ihn nur dem äußeren Leben nach beobachten.

Wenn wir all das anschauen, was da die Menschenwesenheit im Traum erfasst, so weist es immer auf das hin, was das Ich des Menschen an der äußeren Welt erlebt.

Dagegen, wenn wir die zweite Art von Träumen betrachten, können wir sagen: Was da der Seele in Traumbildern vorgezaubert wird, das erlebt der Mensch nur im Traum. Denn wachend erlebt er die Form seiner Organe höchstens durch die wissenschaftliche Anatomie oder Physiologie, aber das ist kein wirkliches Erleben, sondern das ist ein äußerliches Anschauen, wie man Steine und Pflanzen auch anschaut. Das brauchen wir also gar nicht weiter in Betracht zu ziehen. In dem Bewusstsein, mit dem der Mensch durch das Leben geht, erlebt er von seinem inneren Organismus außerordentlich wenig oder gar nichts. Aber der Traum der zweiten Art zaubert ihm in veränderten Bildern, aber in Bildern, seinen ganzen Organismus vor.

Wenn wir dann den Menschen im wachen Leben betrachten, so finden wir, dass dieses Leben von seinem Ich mehr oder weniger beherrscht wird, je nachdem der Mensch Willens- und Charakterstärke hat. Und wir finden aber auch, dass das Eingreifen des Ich in das menschliche Leben etwas außerordentlich Ähnliches mit den Traumerlebnissen der ersten Art hat. Versuchen wir, jemand intim zu prüfen, der Träume hat, in denen seine äußeren Erlebnisse stark, vehement verändert werden. Wenn jemand solche Träume hat, werden wir in ihm einen starken Willensmenschen finden. Träumt jemand sein Leben fast so, wie es ist, verändert er das Leben nicht im Traum, dann wird er ein willensschwacher Mensch sein.

An der Art, wie der Mensch seine Träume gestaltet, drückt sich das Eingreifen des Ich in sein Leben aus. Wir werden gerade aus solchen Erkenntnissen heraus die Träume der ersten Art mit dem Ich des Menschen zusammenbringen müssen. Und wenn wir bedenken, dass wir in den letzten Betrachtungen Kenntnis davon genommen haben, dass das Ich und der astralische Leib im Schlaf außerhalb des physischen und des Ätherleibes sind, so wird es uns nicht weiter auffällig sein, wenn Geisteswissenschaft uns darauf führt, dass das Ich, das sich außerhalb des physischen und des Ätherleibes befindet, im Traum die Bilder des Lebens ergreift, die es sonst in der äußeren Wirklichkeit durch den physischen und Ätherleib ergreift.

Der Traum der ersten Art ist ein Wirken des Ich außerhalb des physischen und Ätherleibes. Was ist der Traum der zweiten Art?

Er muss auch etwas sein, was mit dem zu tun hat, was im Schlaf außerhalb des physischen und des Ätherleibes ist. Das Ich kann es nicht sein, denn das Ich weiß nichts von dem, was der Traum als symbolische Gestaltungen der Organe vorzaubert. Man wird dazu gebracht, zu erkennen, dass es der astralische Leib des Menschen ist, der diese symbolischen Bilder der inneren Organe im Traum gestaltet – wie das Ich die Bilder der äußeren Erlebnisse gestaltet.

Und so haben wir durch die zwei Arten der Träume einen Hinweis auf das Wirken des Ich und des astralischen Leibes vom Einschlafen bis zum Aufwachen.

Wir können dann weitergehen. Wenn wir sehen, was ein schwacher und was ein starker Mensch in seinen Träumen tut, wie ein schwacher Mensch fast so träumt, wie er die Dinge erlebt hat, wie ein starker Mensch alle Dinge umgestaltet, alles durcheinanderwirft und die Dinge so macht, dass sie stark die Färbung seines inneren Charakters annehmen, wenn wir das in der richtigen Weise bis zum Ende studieren, dann können wir das, auf das wir da kommen, mit der Art vergleichen, wie sich der Mensch wachend im

Leben verhält. Und da kommen wir auf etwas ungeheuer Interessantes. Da kommen wir darauf, dass das Folgende wahr ist.

Lassen wir uns von einem Menschen seine Träume erzählen, sehen wir nach, wie sich ein Traumbild an das andere knüpft, wie die Träume sich gestalten. Schauen wir dann, nachdem wir uns eine Vorstellung von der Art seines Träumens gemacht haben, von dieser Vorstellung auf ihn selbst, dann werden wir uns, angeregt durch das, was wir von seinen Träumen wissen, ein gutes Bild von dem machen können, wie er im Leben handelt. Da kommen wir auf merkwürdige Geheimnisse beim Menschen.

Wir betrachten einen Menschen handelnd im Leben, wir lernen ihn kennen seiner Individualität nach. Wir sagen uns: Von dem, was durch diesen Menschen geschieht, geht nur ein Teil von seinem eigentlichen Menschenwesen, von seinem Ich aus. Wenn es auf sein Ich ankäme, würde dieser Mensch so handeln, wie er träumt. Ein gewalttätiger Charakter würde, wenn es auf sein Ich ankäme, im Leben so gewalttätig sein, wie er träumt; und einer, der in seinen Träumen sein Leben fast unverändert lässt, würde im Leben sich überall zurückziehen, das Leben laufen lassen, die Dinge geschehen lassen, möglichst wenig in das Leben eingreifen, nur so viel eingreifen, als er im Traum eingreift.

Das andere, was vom Menschen über dieses hinaus geschieht, wo kommt das her? Meine lieben Freunde, wir müssen uns sagen: Das tun die Götter, das tun die Geister der Welt. Der Mensch tut gar nicht selber alles, was er tut; er tut genauso viel, als er träumt. Das andere wird ohne ihn getan. Man lernt nur nicht, sich auf diese Dinge hin zu schulen. Würde man sich darauf schulen, dann würde man darauf kommen, dass man im Leben so viel aktiven Anteil im Tun hat, als man aktiven Anteil in seinen Träumen hat. Beim gewalttätigen Menschen hindert dann die Welt, dass er so gewalttätig wird, wie er es im Traum ist; beim schwachen Menschen, da machen es die Instinkte, da macht es wieder das Leben, dass das hinzugefügt wird, was durch ihn geschieht, und was er nicht träumt.

Es ist interessant, meine lieben Freunde, einen Menschen in einer Lebenshandlung zu sehen und sich zu fragen: Was kommt von ihm und was kommt von der Welt? Von ihm kommt genau so viel, als er von der Sache träumen kann. Die Welt fügt entweder etwas dazu beim schwachen Menschen, oder sie subtrahiert etwas beim gewalttätigen Menschen. So betrachtet, fängt der Traum an, außerordentlich interessant zu werden und tief in das Wesen des Menschen hineinblicken zu lassen.

Es ist manches von dem, meine lieben Freunde, was wir da sagen, in einer verzerrten, karikierten Weise den Psychoanalytikern aufgegangen. Aber sie können nicht in das Weben und Wesen der Menschennatur hineinschauen, daher verzerren sie alles, machen es zu Karikaturen. Wir sehen aus der Betrachtung, die wir heute nur ganz äußerlich anstellen, dass wir, wenn wir diese Dinge überhaupt anfassen wollen, bis zu einer sehr feinen Seelenkenntnis vordringen müssen. Ohne diese können wir nichts wissen über die Beziehungen des Traumlebens zur äußeren Wirklichkeit, die der Mensch erlebt.

Daher habe ich gesagt: Psychoanalyse ist Dilettantismus, weil sie nichts weiß von dem äußeren Leben des Menschen. Aber sie ist auch noch Dilettantismus, weil sie nichts weiß von dem inneren Leben des Menschen. Und diese zwei Dilettantismen, sie addieren sich nicht bloß, sondern sie multiplizieren sich, weil man durch das Nichtkennen des inneren Lebens das Erkennen des äußerlichen verdirbt, und durch das Nichtkennen des äußerlichen Lebens das Erkennen des innerlichen verdirbt. Wenn man d mit d multipliziert, so bekommt man d^2, das ist ein Dilettantismus im Quadrat: $d \times d = d^2$. Sodass die Psychoanalyse der Dilettantismus im Quadrat ist.

Es ist das Menschenwesen so weit zu durchschauen, wenn wir uns intim auf die Wechselzustände des wachenden und schlafenden Lebens einlassen, dass diese Betrachtung an die Initiationswissenschaft heranführt.

Nehmen wir ein anderes, das wir in diesen Betrachtungen gesagt haben. Nehmen wir die Tatsache, dass der Mensch durch Seelenübungen, durch Meditation, seine Seelenkräfte erstarken, erkraften kann, dass er über das gewöhnliche, mehr oder weniger inhaltslose und abstrakte Denken zu einem innerlich anschaulichen, bildhaften Denken, zur Imagination, vorrücken kann. Wir haben gesehen, dass der Mensch mit der Imagination zum Ergreifen seines ganzen Lebens vorrückt, aber so, wie es seit der Geburt und der Empfängnis – eigentlich noch vor der Geburt, vor der Empfängnis – als ätherischer Impuls in das Erdleben hereingestellt ist.

Wir bekommen durch den Traum Reminiszenzen dessen, was wir äußerlich erlebt haben, seitdem wir in diesem Leben die Erde betreten haben. Wir bekommen durch die Imagination Bilder, die nach der Art des Erlebens den Traumesbildern sehr ähnlich sind, nur enthalten sie nicht Reminiszenzen an das Leben, sondern Reminiszenzen an das, was vor dem Erdleben war.

Es ist lächerlich, meine lieben Freunde, wenn diejenigen, die Geisteswissenschaft nicht kennen, sagen, die Imaginationen können auch Träume sein. Sie sollen sich doch einmal überlegen, was da in den Imaginationen «geträumt» wird. Es wird nichts geträumt, was die Sinne darbieten, sondern der Inhalt ist das, was das Menschenwesen erlebt, bevor es die Sinne gehabt hat. Durch die Imagination wird der Mensch in eine neue Welt eingeführt.

Aber etwas sehr Ähnliches ist da zwischen der zweiten Art der Träume und dem, was man in der Imagination erlebt, wenn sich die Imagination durch Übungen der Seele herausbildet. Da erlebt man Bilder, und zwar mit aller Deutlichkeit, mit Exaktheit erlebt man Bilder, gewaltige Bilder. Ein Weltall erlebt man, wunderbare Bilder, farbenreiche Bilder erlebt man, die so gewaltig sind, dass nichts anderes im Bewusstsein ist als diese Bilder. Wollte man diese Bilder malen, ein grandioses Tableau würde man malen. Aber man würde nur einen Augenblick festhalten, wie man einen Blitz auch nicht malen kann, sondern nur einen Augenblick von ihm festhalten kann, denn das alles verläuft in der Zeit. Aber wenn man auch nur einen Augenblick festhält, bekommt man ein grandioses Bild.

Wollen wir es, um uns die Sache vor die Seele zu führen, schematisch vorführen. Es ist natürlich nicht von einer übertriebenen Ähnlichkeit mit dem, was geschaut wird, aber damit wir uns vor die Seele führen können, um was es sich handelt, wollen wir es schematisch vor uns hinzeichnen (s. Tafelzeichnung S. 122 – und Umschlag).

Betrachten wir dieses Bild, das ich nur schematisch hingezeichnet habe: Es ist in sich konfiguriert, es enthält die verschiedensten gestalteten Bilder. Es ist innerlich und äußerlich etwas Grandioses. Werden wir immer stärker im uns Konzentrieren auf dieses Bild, im Festhalten von diesem Bild, tritt es nicht bloß einen Augenblick auf – wir müssen es mit Geistesgegenwart abfangen, wenn es bloß einen Augenblick auftritt, sonst huscht es weg, bevor wir es überhaupt ins Gegenwärtige hereingefasst haben, Geistesgegenwart brauchen wir überhaupt zum geistigen Beobachten –, aber sind wir imstande, nicht nur so viel Geistesgegenwart anzuwenden, um die Sache zu erhaschen, sodass wir sie überhaupt im Bewusstsein haben, sondern können wir sie auch festhalten, dann zieht es sich zusammen, dann wird es statt ein Weltumspannendes immer kleiner.

Wir sehen, dass es in der Zeit vorrückt und in etwas hereinschnappt. Aus dem einen wird der menschliche Kopf, aus dem anderen wird die menschliche Lunge, aus dem anderen wird die menschliche Leber. Die physische Materie, die vom mütterlichen Leib kommt, füllt nur das aus, was da aus der geistigen Welt hereinkommt. Der ganze Mensch wird daraus. Wir sagen uns zuletzt: Was Leber ist, das sehen wir im vorirdischen Dasein geistig in diesem grandiosen

Bild; die Lunge sehen wir im vorirdischen Dasein geistig in diesem anderen grandiosen Bild. Und jetzt vergleichen wir es hinterher mit dem, was im Traum der zweiten Art ist. Da erscheint uns ein Organ, wie wir vorhin gesagt haben, vielleicht auch in einem sehr schönen Bild, aber es ist stümperhaft gegen das, was die Imagination liefert.

Und wir bekommen den Eindruck: Die Imagination gibt etwas, was mit Weltmeisterschaft geschaffen ist, der Traum gibt etwas, was stümperhaft ist, aber sie weisen beide auf dasselbe hin. Sie sind das, was die innere Organisation des Menschen im Geistigen darstellt. Und von da aus ist es nicht mehr weit zu einer anderen, sehr gültigen Vorstellung, meine lieben Freunde.

Wir kommen darauf zu fragen – wenn wir durch die Imagination diesen vorirdischen Menschen als mächtiges Ätherbild schauen, und wir merken, dass dieses mächtige Ätherbild sich in den physischen Menschen hineinkristallisiert –, wir kommen darauf zu fragen: Und wenn jetzt die Traumbilder, die sich auf innere Organe beziehen, anfangen würden, dieselbe Tätigkeit zu entwickeln? Wir kommen darauf, uns zu antworten: Da würde die Karikatur einer Leber entstehen, wenn sich dieses Traumbild zur Leber auswachsen würde. Die menschliche, in sich vollkommene Leber ist dem Imaginationsbild nachgebildet, das auf das vorirdische Dasein hinweist. Würde sich das Traumbild zur Leber gestalten, dann würde der Mensch aus diesem Traumbild nicht eine Menschenleber, nicht einmal eine Gansleber bekommen, sondern er würde nur die Karikatur einer Leber bekommen.

Das lässt tief in die ganze Menschenwesenheit hineinblicken! Denn wir sehen: Es ist etwas Ähnliches – das zeigt sich ganz klar –, es ist etwas Ähnliches in dem Traumbild und in dem imaginativen Bild. Und man muss sich fragen: Woher kommt diese Ähnlichkeit?

Wir können noch weiter gehen. Nehmen wir die Traumbilder der ersten Art, wo an äußere Erlebnisse angeknüpft wird. In dem imaginativen Vorstellen ist nichts Ähnliches mit diesen Bildern. Das imaginative Vorstellen geht zu einem vorirdischen Leben des Menschen über, wo der Mensch noch nicht mit dem physischen Menschen zu tun hat. Das imaginative Anschauen geht über zu einem Abbilden von vorirdischen geistigen Erlebnissen. Legen wir uns das einmal vor, was damit charakterisiert ist.

Wenn wir auf das Innere des Menschen schauen, bekommen wir den Eindruck, dass mit gewissen symbolischen Bildern – ob sie durch die Imagination oder durch den Traum auftreten – das Innere des Menschen gemeint ist, die menschliche Organisation gemeint ist. Aber die Imaginationen, die sich auf äußere Erlebnisse beziehen, hängen nicht mit dem zusammen, was der Mensch an innerlicher Organisation hat, aber auch nicht mit dem äußeren Erdleben. Sie weisen auf Erlebnisse des vorirdischen Daseins hin. Neben sie können wir nur die Traumerlebnisse stellen, die sich auf äußere Erlebnisse des Erddaseins beziehen, die nicht in einem Zusammenhang mit dem Inneren stehen. Dieser Zusammenhang mit dem Inneren besteht nur für die Träume der zweiten Art.

Meine lieben Freunde! Was will ich durch all das, durch die Darstellung von alldem? Durch die Darstellung von alldem möchte ich darauf hinweisen, dass es eine intime Art der Betrachtung des Menschenlebens gibt, die Lebensrätsel aufwirft.

Der Mensch betrachtet heute das Leben recht oberflächlich. Würde er es genauer, tiefer betrachten, so würden ihm die Dinge auffallen, von denen wir heute gesprochen haben. In einem gewissen Sinne fallen sie ihm auf, nur weiß er nichts davon, wie sie ihm auffallen. Der Mensch wird sich gar nicht bewusst, wie stark das auf sein Leben einen Einfluss hat, was er träumt. Er betrachtet den Traum als etwas Vorüberhuschendes, weil er nicht weiß, dass in die eine Art der Träume sein Ich, in die andere Art der Träume sein Astralleib eingreift.

Wenn wir aber das Leben in Bezug auf noch einschneidendere Erscheinungen ins Auge fassen, dann werden die angedeuteten Rätsel noch brennender. Für die, die längere Zeit hier sind, sind solche Tatsachen schon erwähnt worden. Wir wollen aber wieder darauf hinweisen.

Wir wollen darauf hinweisen, dass es einen pathologischen Zustand im Menschen gibt, der darin besteht, dass der Mensch den erinnerungsmäßigen Zusammenhang an sein Leben verliert. Ich habe einen Bekannten von mir angeführt, der eines Tages, ohne dass er davon in seinem Bewusstsein etwas wusste, aus seiner Wohnung, von seiner Familie nach dem Bahnhof fortgeht, sich ein Billett ersteht und wie ein Nachtwandler bis zu einer bestimmten Station fährt. Auf der Umsteigestation löst er sich das andere Billett, fährt weiter, fährt lange Zeit herum. Er hat die Fahrt in einer Stadt Süddeutschlands angetreten. Man konnte später rekonstruieren, als man dem Fall nachgegangen ist, dass er in Budapest, in Lemberg (Polen) und so weiter war. Er hat sich am Ende in einem Obdachlosenasyl in Berlin entdeckt, wo er zuletzt gelandet war. Da fing sein Bewusstsein wieder an zu wirken. Diesem Moment, wo er im Obdachlosenasyl angekommen war, waren ein paar Wochen vorangegangen, die in seinem Bewusstsein ausgelöscht waren. Er erinnerte sich an das Letzte, was er noch davor zu Hause gemacht hatte. Das andere war ausgelöscht. Man musste von außen die ganze Reise verfolgen.

Wir sehen: Da ist das Ich nicht dabei bei dem, was der Mensch tut. Wenn wir die entsprechende Literatur verfolgen, so werden wir Hunderte und Hunderte von Fällen eines solchen Aussetzens des Ich-Bewusstseins finden. Was liegt da vor?

Wenn wir uns darauf einlassen würden, die Traumwelt eines solchen Menschen zu studieren, der in diesen pathologischen Zustand verfällt, so würden wir auf etwas Merkwürdiges kommen. Wir würden finden, dass er, wenigstens zu gewissen Zeiten seines Lebens, die denkbar lebhaftesten Träume gehabt hat, Träume, die ganz besonders dadurch charakterisiert sind, dass er sich im Traum etwas vornimmt, dass er im Traum Absichten hat. Wenn wir die Träume eines gesunden Menschen studieren, werden wir finden, dass gerade dieses Hereinspielen von Absichten in den Traum entweder sehr schwach ist oder überhaupt nicht vorkommt. Der Mensch träumt alles mögliche Wunderbare, aber Absichten spielen darin in der Regel keine Rolle. Wenn Absichten im Traum eine Rolle spielen, dann wacht der Mensch aus solchen Träumen so auf, dass er über diese Absichten sich selbst verspottet.

Wenn wir aber solche Menschen mit einem intermittierenden Bewusstsein, mit einem Bewusstsein, das eine Zeit lang ausgelöscht ist, hinsichtlich ihrer Träume studieren, dann werden wir sehen, dass das Menschen sind, die Absichten im Traum hegen und diese Absichten beim Aufwachen ungeheuer ernst nehmen, so ernst nehmen, dass sie sogar Gewissensbisse empfinden, wenn sie die im Traum gehegten Absichten nicht ausführen können. Manchmal sind diese Absichten gegenüber der äußeren physischen Welt so albern, dass sie sich nicht ausführen lassen. Dann quält sie das, dann macht sie das furchtbar aufgeregt. Das ist die Kehrseite dieses ausgelöschten Bewusstseins: den Traum ernst zu nehmen, insbesondere den Absichtstraum – nicht den Wunschtraum, sondern den Absichtstraum.

Und derjenige, der Menschenbeobachtung hat, der sieht es unter Umständen dem Menschen an, ob ihm so etwas wie ein Auslöschen des Bewusstseins passieren kann. Solche Menschen haben etwas, was zeigt, dass sie in Bezug auf gewisse innere und äußere Erlebnisse nie ganz aufwachen. Und man kommt nach und nach darauf, wenn man einen solchen Menschen beobachtet, dass er jede Nacht in seinem Schlafzustand mit seinem Ich zu weit aus dem physischen und dem Ätherleib herausgeht, sich zu weit davon entfernt, sodass er nicht mehr alles mitnehmen kann, was er da draußen erlebt. Er geht zu tief in den Geist hinein, um all das, was er in der geistigen Welt erlebt, in den physischen und Ätherleib zurücktragen zu können. Und weil er oft das nicht völlig zurückträgt, hält es ihn zuletzt draußen. Das, was er da zu tief im Geist erlebt, das hält zuletzt überhaupt das Ich außerhalb des physischen Leibes. Der Mensch kommt in diesen Zustand, wo das Ich nicht im physischen Leib drinnen ist.

In einem solchen radikalen Fall, wo eine Störung des Bewusstseins in der geschilderten Art auftritt, ist es besonders interessant, das Traumleben eines solchen Menschen zu betrachten. Es ist anders als das Traumleben gewöhnlicher Zeitgenossen, es ist viel interessanter. Nur hat dieses Interessante seine Kehrseite. Wie die Krankheit, von außen betrachtet, auch interessanter ist als die Gesundheit – nur nicht von innen betrachtet, nur nicht für den betreffenden Menschen, nicht für das gewöhnliche Leben –, wie die Krankheit interessanter ist für die Erkenntnis des Menschenwesens, so ist das, was sich als das Traumleben eines solchen pathologischen Menschen darstellt, wie ich ihn geschildert habe, viel interessanter als das Traumleben, ich will nicht sagen eines Philisters, aber eines normalen Zeitgenossen.

Da sehen wir eine Art Verbindung des Ich mit der ganzen Traumwelt auftreten. Wir können sie wie mit Händen greifen, diese Verbindung des Ich mit der Traumwelt. Und es stellt sich die folgende Frage vor uns hin: Wie ist es mit den Traumbildern, die sich auf innere Organe beziehen, im Verhältnis zu den Imaginationen, die sich auf innere Organe beziehen, wie ist es da?

Schon äußerlich zeigt es sich, dass das, was in der Imagination als Bilder der inneren Organisation gegeben wird, auf das hinweist, was im Menschen ist, bevor er seinen

Erdleib hat, bevor er auf der Erde da ist. Die Traumbilder treten auf, wenn er im Leben da ist. Die Imaginationen weisen zurück auf die Vergangenheit, die Traumbilder weisen auf die Gegenwart. Aber wenn das auch der Fall ist, meine lieben Freunde, dass, wenn wir ein gewöhnliches Traumbild nehmen, das auf ein inneres Organ hinweist, dass ihm eine Karikatur des inneren Organs entspricht, während der Imagination das vollkommene innere Organ entspricht, wenn das auch der Fall ist, so können wir doch sagen: Diese Karikatur hat trotzdem die Möglichkeit in sich, zu einem vollkommenen Organ zu wachsen.

Da ist der Anfang zu jener Betrachtung, die wir morgen anstellen wollen, und die in der Frage wurzelt: Wie bezieht sich das, was die Imagination darbietet, auf das vergangene Leben des Menschen? Ist vielleicht der Traum der Anfang der Imagination der Zukunft? Wird vielleicht aus dem Traumbild, das wir heute haben, jene Imagination, auf die wir in einem künftigen Erdleben zurückblicken werden? Ist vielleicht der Traum der Keim der Imagination, das heißt, ist der Inhalt des Traumes der Keim des Inhalts der Imagination?

Diese bedeutungsvolle Frage stellt sich uns. Wir sehen das, was wir durch eine Betrachtung der Träume gewinnen können, mit der Frage nach den wiederholten Erdleben des Menschen zusammenrücken. Aber wir sehen auch: Wir müssen tiefer in das Leben des Menschen hineinschauen, als man es gewöhnlich bequem findet, um den Anschluss an das zu finden, was die Initiationswissenschaft über das Wesen des Menschen sagt.

Durch solch einen Vortrag, wie den heutigen, wollte ich eine Vorstellung davon hervorrufen, wie oberflächlich die Betrachtung des Menschen innerhalb der heutigen Zivilisation ist, und wie überall Intimität der Betrachtung eintreten muss. Diese Intimität der Betrachtung, die führt aber zur Geisteswissenschaft hin.

Ich werde morgen diese Betrachtungen von dem letzten Punkt, den ich angedeutet habe, fortsetzen.[15]

---

15 Diese Woche, morgen und übermorgen, werden die Vorträge noch in gewöhnlicher Weise für alle sein. Nächste Woche dann wird die Trennung eintreten zwischen den Vorträgen für alle und den Vorträgen für die Mitglieder der ersten Klasse der Freien Hochschule für Geisteswissenschaft. Ich werde noch ankündigen, an welchem Tag. Das wird geschehen, nachdem dann in den ersten Tagen der nächsten Woche den Mitgliedern der ersten Klasse bekannt gegeben wird, was sie über die näheren Bedingungen zu halten haben.

Sonntag um 5 Uhr ist wiederum eine Eurythmievorstellung.

Achter Vortrag

Das Leben, ein Schuldigwerden

Die Sehnsucht nach dem karmischen Ausgleich

Dornach, 9. Februar 1924

Meine lieben Freunde! Gestern haben wir versucht zu zeigen, wie wir durch eine intimere Betrachtung des Traumlebens des Menschen nahe an die Initiationswissenschaft herangeführt werden. Es wird heute unsere Aufgabe sein, das, was wir gestern vom Standpunkt des gewöhnlichen Bewusstseins aus anzudeuten versucht haben, dadurch zu vertiefen, dass wir denselben Gegenstand vom Gesichtspunkt der imaginativen Erkenntnis ins Auge fassen – wie sich die Dinge, die wir gestern betrachtet haben, ausnehmen, wenn derjenige sie anschaut, der es dazu gebracht hat, in Imaginationen die Welt zu überschauen.

Wir nehmen die Träume als solche, wir sehen ab von dem Unterschied zwischen den beiden Traumarten, von denen wir gestern gesprochen haben. Wenn wir die Träume als solche nehmen, kommen wir zu einer gültigen Betrachtung, wenn wir schildern, wie sich das imaginative Leben, das imaginative Schauen gegenüber einem Traum ausnimmt, den der mit der Imagination Begabte hat. Wir vergleichen das mit jener Selbstanschauung, zu der der Imaginierende kommt, wenn er auf seine eigene Menschenwesenheit zurückblickt, wenn er die menschlichen Organe, sei es an sich selbst, sei es an anderen Menschen, imaginativ betrachtet, oder auch den organischen Zusammenhang, das heißt den ganzen Menschen als einen Organismus betrachtet.

Beides, sowohl die Traumwelt als auch der physische und ätherische Organismus, nehmen sich vor dem imaginativen Bewusstsein ganz anders aus als vor dem gewöhnlichen Bewusstsein.

Auch der Imaginierende träumt, er träumt so wie die anderen Menschen, er träumt unter Umständen ebenso chaotisch wie die anderen Menschen. Er kann ganz gut aus den eigenen Erlebnissen heraus die Traumwelt beurteilen, denn neben dem imaginativen Leben, das ein innerlich geordnetes, innerlich lichtvolles ist, fließt die Traumwelt wie beim gewöhnlichen Bewusstsein ab, geradeso, wie es dem äußeren Wachleben gegenüber ist. Ich habe oft betont, dass derjenige, der zu einem geistigen Schauen kommt, nicht ein solcher Träumer oder Schwärmer wird, dass er fortwährend nur in höheren Welten lebt und die äußere Wirklichkeit nicht sieht.

Derjenige, der so ist, dass er fortwährend nur in höheren Welten lebt oder von höheren Welten träumt und die äußere Wirklichkeit nicht sieht, ist kein Initiierter oder Eingeweihter, sondern er ist, wenn auch nur seelisch, so doch seelisch pathologisch zu nehmen. Wirkliche Initiiertenerkenntnis führt nicht vom gewöhnlichen physischen Leben und seinen Verhältnissen hinweg, sondern im Gegenteil, sie macht zu einem sorgfältigeren, gewissenhafteren Beobachter, als man ohne die Fähigkeit des Schauens ist. Wenn jemand keinen Sinn für die gewöhnliche Wirklichkeit hat, kein Interesse für die Einzelheiten des Lebens hat, kein Interesse auch für die Einzelheiten im Leben der anderen Menschen hat, wenn er so «erhaben» – ich sage das aber in Gänsefüßchen –, wenn er so «erhaben» über dem Leben schwebt und sich nicht um dessen Verhältnisse kümmert, dann ist schon das allein ein Zeichen, dass es bei ihm nichts ist mit einem wirklichen Schauen.

Sodass also der imaginierende Mensch – wir reden jetzt nur von ihm, er kann natürlich auch ein inspirierter und ein intuitiver Mensch sein, aber wir wollen zunächst nur von der Imagination sprechen –, sodass der imaginierende Mensch das Traumleben aus seiner eigenen Erfahrung sehr gut kennt. Aber ein Unterschied in der Auffassung gegenüber dem Traum ist vorhanden. Der Imaginierende empfindet den Traum als etwas, mit dem er sich verbindet, mit dem er in einem viel stärkeren Maß eins wird, als das durch das gewöhnliche Bewusstsein sein kann. Er nimmt den Traum ernst.

Und eigentlich berechtigt erst die Imagination, den Traum ernst zu nehmen, denn sie befähigt dazu, hinter das Träumen zu sehen und am Traum vorzugsweise seinen dramatischen Fortgang zu erfassen, seine Spannungen und Lösungen, seine Katastrophen, seine Krisen, nicht so sehr den einzelnen Trauminhalt. Der einzelne Trauminhalt fängt vor der Imagination an, einen weniger zu interessieren. Viel mehr interessiert einen, ob der Traum zu einer Krisis führt, zu einer Freude führt, ob er zu etwas führt, was einem leicht wird oder schwer wird und dergleichen. Der Verlauf, die Dramatik des Traumes fängt an, einen zu interessieren, also gerade das, was oft das gewöhnliche Bewusstsein nicht interessiert. Man sieht hinter die Kulissen des Traumes.

Und wenn man hinter die Kulissen des Traumes sieht, wird man darauf aufmerksam, dass man im Traum etwas vor sich hat, was sich zu dem geistigen Menschenwesen in einer ganz bestimmten Weise verhält. Man sagt sich: Der Traum steht zum Menschenwesen in geistiger Beziehung so, wie der Keim einer Pflanze zu der Pflanze steht. Man lernt im Trauminhalt, in der Traumdramatik den Keim des geistigen Menschen schauen. Und man lernt in diesem keimhaften Menschen etwas erfassen, was dem gegenwärtigen Leben fremd ist, so fremd wie der Pflanzenkeim, den man im Herbst eines Jahres der Pflanze entnimmt, fremd ist dem Pflanzenwachstum dieses Jahres. Er wird erst einheimisch im Pflanzenwachstum des nächsten Jahres.

Gerade diese Betrachtung des Traumes gibt für das imaginative Bewusstsein die stärksten Eindrücke, weil man in dem träumenden Wesen, in dem eigenen träumenden Wesen immer mehr verspürt, dass man in sich etwas trägt, was in das nächste Leben hinübergeht, was sich zwischen dem Tod und einer neuen Geburt auswächst und in das nächste Erdleben hinüberwächst. Man lernt im Traum den Keim des nächsten Erdlebens empfinden. Das ist außerordentlich wichtig.

Das wird noch erhärtet, wenn man dieses besondere Erlebnis, das ein starkes Empfindungserlebnis ist, mit jener Anschauung vergleicht, die man von dem physischen Menschen haben kann, wenn er mit seinen einzelnen Organen vor einem steht. Auch er verändert sich vor dem imaginativen Bewusstsein, er verändert sich so vor dem imaginativen Bewusstsein, dass man ein Gefühl ähnlich dem bekommt, das man hat, wenn die Pflanze, die man als grüne, frische, blühende Pflanze kennengelernt hat, zu verwelken beginnt. Man sagt sich mit dem imaginativen Bewusstsein, wenn man die Lunge, die Leber, den Magen, namentlich das Gehirn des Menschen als physische Organe betrachtet, man sagt sich: Das ist in Bezug auf das Geistige etwas Verwelkendes.

Sie werden sagen, meine lieben Freunde, es sei nichts Angenehmes, durch die Imagination dem physischen Menschen wie einem verwelkenden Wesen gegenüberzustehen. Es wird auch nie jemand, der die Initiationswissenschaft kennenlernt, behaupten, sie sei nur dazu da, um den Menschen Annehmlichkeiten zu bieten. Sie soll dem Menschen die Wahrheit geben, nicht Annehmlichkeiten. Aber auf der anderen Seite müssen wir darauf aufmerksam machen, dass wir, indem wir den physischen Menschen als ein verwelkendes Wesen kennenlernen, wir in ihm den aufleuchtenden geistigen Menschen sehen. Wir können nicht den geistigen Menschen aufleuchten sehen, wenn wir nicht den physischen Menschen wie ein vermoderndes, verwelkendes Wesen erkennen lernen.

Die Erscheinung des Menschen wird dadurch nicht hässlicher, sondern im Gegenteil schöner und auch wahrer. Und wenn wir geistig das Hinwelken der physischen Organe beobachten, dann erscheinen uns diese physischen Organe mit ihrem ätherischen Inhalt wie das, was aus der Vergangenheit des vorigen Erdlebens herübergekommen ist und im gegenwärtigen Leben verwelkt. Und so kommen wir zu der Vorstellung, dass in der Entwicklung des verwelkenden physischen Menschen – verwelkend in seinem Wesen aus dem vorigen Erdleben –, dass sich da der Keim für das zukünftige Erdleben bildet. Am meisten welkt das menschliche Haupt. Und gerade wie ein Ausfluss des menschlichen Hauptes erscheint der imaginativen Betrachtung der Traum. Dagegen am wenigsten verwelkend, fast ähnlich dem im gewöhnlichen Traum, ist vor dem imaginativen Anschauen der Stoffwechsel-Gliedmaßenorganismus des Menschen – und damit am wenigsten welk, seiner Form und seinem Inhalt nach am meisten mit der Zukunft des Menschen verbunden.

Der rhythmische Organismus, das, was in der Brusthöhle verborgen ist, ist die Verbindung zwischen beiden. Das ist etwas, was das Gleichgewicht hält. Gerade vor einer geistigen Betrachtung, meine lieben Freunde, wird das menschliche Herz ein merkwürdiges Organ. Vor einer geistigen Betrachtung welkt das physische Herz hin, aber indem es geistig imaginativ auftritt, bleibt es fast – ich sage fast, nicht ganz –, bleibt es fast in der Form bestehen, die es als physisches Herz hat, nur schöner, wie veredelt.

Daher liegt eine Wahrheit darin, wenn man den geistigen Anblick des Menschen so hinmalt, dass ein verhältnismäßig weises, vielleicht sogar ältlich erscheinendes Antlitz mit kindlichen Füßchen und Händchen verbunden ist, mit Flügeln, die das Erdferne andeuten – das Herz aber an das physische Organ erinnernd angedeutet ist. Hat man diese imaginative Anschauung des Menschen, dann wird so etwas, was man versucht zu malen, nicht symbolisch sein in dem schlechten Sinne, den das Symbolische in der heutigen Zivilisation hat, wo es strohig ist, sondern es wird Elemente des physischen Seins enthalten, aber solche, die zu gleicher

Zeit aus dem physischen Sein herausheben. Man muss anfangen, in Paradoxien zu reden, wenn man von der geistigen Welt spricht, weil die geistige Welt gegenüber der physischen ganz anders ausschaut, paradox ausschaut.

Meine lieben Freunde! Wenn wir beginnen, mit imaginativer Erkenntnis den Menschen anzuschauen, so haben wir dem Kopf gegenüber das Gefühl: Ach, wie scharf musst du jetzt denken, um dich diesem Kopf des Menschen gegenüber aufrechtzuerhalten! Wir kommen uns, wenn wir über den Kopf des Menschen mit imaginativem Bewusstsein nachsinnen, ganz schwachsinnig vor, weil wir mit den scharfsinnigsten Gedanken, an die wir uns im Leben gewöhnt haben, an dieses Wundergebilde des menschlichen Hauptes als physisches Gebilde nicht leicht herankommen. Es verwandelt sich in ein Geistiges, es ist noch viel wunderbarer in seinem Verwelken, wenn es die Form so stark zeigt, wenn die Windungen des Gehirns etwas werden, was in sich tiefe Geheimnisse der Weltgestaltung wie verwelkt enthält. Wir schauen tief in die Geheimnisse der Weltgestaltung hinein, wenn wir anfangen, den Menschenkopf zu verstehen. Wir fühlen uns fortwährend «auf den Kopf geschlagen», wenn wir den Kopf verstehen wollen!

Dagegen, wenn wir das Gliedmaßen- und Stoffwechselsystem des Menschen mit imaginativem Bewusstsein verstehen wollen, dann sagen wir uns: Da hilft dir dein scharfer Verstand nichts, da musst du schlafen und von dem Menschen träumen. Denn in Bezug auf diese Organisation wird der Mensch am besten erfasst, wenn von ihm geträumt wird, wachend geträumt wird.

Also Sie sehen, wir müssen in ein sehr differenziertes Anschauen einrücken, wenn wir beginnen, den Menschen seiner physischen Organisation nach imaginativ zu betrachten. Wir müssen gescheit, furchtbar gescheit werden, wenn wir seinen Kopf betrachten. Wir müssen ein Träumer werden, wenn wir sein Stoffwechsel- und Gliedmaßensystem betrachten. Beim rhythmischen System müssen wir hin- und herpendeln zwischen Träumen und Wachen, wenn wir das Wundergebilde des rhythmischen Systems des Menschen in imaginativem Anschauen erfassen wollen.

Aber das alles stellt sich als Rest des früheren Erdlebens dar, was der Mensch im Wachen an sich erlebt. Das ist Rest des früheren Lebens. Das spielt nur in das gegenwärtige Leben herein, das gibt dem Menschen im Handeln so viel, als wir ihm gestern zugeschrieben haben, wo wir gesagt haben: Nur so viel, als der Mensch von seinen Handlungen träumt, vollzieht er selbst. Das Übrige tun die Götter an ihm, so weit spielt die Gegenwart in ihn hinein. Das andere kommt alles aus dem früheren Erdleben. Das sehen wir dem Menschen an, wenn wir ihn in seiner physischen Organisation verwelkend vor uns haben. Und schauen wir auf das hin, was er von sich weiß, indem er träumt, schlafend träumt, dann haben wir das vor uns, was er vorbereitet für das nächste Erdleben. Wir können die Dinge sehr gut voneinander unterscheiden.

Sodass die Imagination unmittelbar aus dieser Betrachtung des Menschen, des wachenden und schlafenden Menschen, zu der Anschauung jener Entwicklung hinführt, die von Erdleben zu Erdleben geht.

Aber eine ganz besondere Stellung nimmt in diesem sowohl wachenden wie schlafenden Menschen jenes Seelenelement ein, das wir die Erinnerung nennen, das, was im Gedächtnis bewahrt wird.

Betrachten wir, meine lieben Freunde, unsere gewöhnlichen Erinnerungen, so wissen wir: Das, was wir erinnern, holen wir als Gedanken, als Vorstellungen aus uns heraus. Wir bilden Vorstellungen vergangener Erlebnisse. Wir wissen, in diesen Erinnerungen verlieren die Erlebnisse ihre Lebendigkeit, ihre Eindrucksfähigkeit, ihre Färbung und so weiter. Die Erlebnisse sind verblasst in der Erinnerung. Aber auf der anderen Seite muss uns die Erinnerung als sehr stark mit dem Wesen des Menschen zusammenhängend erscheinen, mehr noch, sie muss uns als das Wesen des Menschen selbst erscheinen. Der Mensch ist gewöhnlich nur nicht ehrlich genug, um sich nach dieser Richtung das Nötige zu gestehen.

Aber fragen wir uns, meine lieben Freunde: Wenn wir in uns hineinblicken, um einmal so recht darauf zu kommen, was wir nach dem sind, was wir unser Ich nennen – ist da etwas anderes als die Erinnerungen? Wir werden nichts anderes in uns finden, als die Erinnerungen an das Leben, wenn wir auf unser Ich zurückgehen wollen. Wir finden diese Erinnerungen von einer Art Aktivität durchzogen, aber die bleibt sehr schattenhaft und dunkel. Das, was lebendig erscheint als Ich, sind für das Erdleben die Erinnerungen.

Diese Welt der Erinnerungen, auf die wir uns nur zu besinnen brauchen, um sie in ihrer ganzen Schattenhaftigkeit, Schemenhaftigkeit, vor uns zu haben, diese Welt der

Erinnerungen, was wird sie vor dem imaginierenden Bewusstsein? Sie breitet sich sogleich aus, sie wird vor der Imagination ein mächtiges Tableau, durch das wir all das in Bildern überschauen, was wir in dem gegenwärtigen Erdleben durchlebt haben. Wenn dies der Mensch ist (s. Tafelzeichnung S. 123, weiße Fläche), dies die Erinnerung in ihm ist (roter Strich), so wird durch die Imagination diese Erinnerung sogleich bis zur Geburt hin ausgedehnt (rote Fläche nach links). Wir fühlen uns wie außerhalb des Raumes, da ist alles ein Geschehen. Wir schauen in ein Tableau hinein, indem wir das ganze bisherige Erdleben überschauen. Die Zeit wird zum Raum. Wie in eine Allee schauen wir da hinein.

Wir überschauen das ganze bisherige Leben in einem Tableau, in einem Panorama. Die Erinnerung erweitert sich, sie dehnt sich aus. Wenn wir sie im gewöhnlichem Bewusstsein haben, ist sie wie in einem einzigen Zeitmoment; wenn wir sie vor dem imaginierenden Bewusstsein haben, ist sie ausgedehnt in der Zeit. Vor dem gewöhnlichen Bewusstsein, meine lieben Freunde, da ist es so: Wenn man zum Beispiel 40 Jahre alt geworden ist und sich an etwas erinnert, was man 20 Jahre zuvor erlebt hat, aber nicht imaginiert, sondern nur wie gewöhnlich vorstellt, dann ist es so, wie wenn es fort wäre, weit zurück in der Zeit, wie wenn es nicht mehr da wäre. Wenn wir imaginieren, dann sehen wir: Es ist dageblieben, es ist ebenso wenig verschwunden, wie die fernen Bäume einer Allee. Es ist da. Wir schauen in dieses Tableau hinein.

Und da lernen wir, dass die Erinnerung, die wir im gewöhnlichen Bewusstsein in uns tragen, eine arge Illusion ist.

Wenn wir das, was wir im gewöhnlichen Bewusstsein als Erinnerung in uns tragen, als eine Wirklichkeit auffassen, dann ist es so, wie wenn wir bei einem Baumstamm einen Querschnitt machen (s. Tafelzeichnung S. 123, ganz rechts) und das, was wir da sehen, diesen einen Querschnitt, für die Wirklichkeit des Baumstammes halten. Dieser eine Querschnitt ist eigentlich ein Nichts. Es ist nur ein Bild, was sich uns da darbietet. Der Baumstamm ist oberhalb und unterhalb des Querschnitts. Und so ist es, wenn wir imaginierend die Erinnerungen erfassen: Da merken wir die Nichtigkeit der einzelnen Erinnerungsinhalte. Da wird das Ganze ausgedehnt bis zur Geburt, und etwas über die Geburt hinaus. Da wird alles Vergangene gegenwärtig. Es ist alles da. Es zeigt sich perspektivisch entfernt, aber es ist da.

Und haben wir das einmal erfasst, haben wir solch eine Anschauung, dann tritt jene Erkenntnis ein, die einer fortwährenden Beobachtung fähig ist, die uns sagt, dass der Mensch, wenn er mit dem Tod seinen physischen Leib verlässt, für eine kurze Zeit nach dem Tod, für einige Tage nach dem Tod diese Rückschau als sein selbstverständliches Leben hat. Indem der Mensch durch die Pforte des Todes geht, hat er zunächst durch mehrere Tage als sein Erleben dieses, dass er in sein Lebenspanorama hineinschaut, in mächtigen Bildern, in leuchtenden, glänzend-eindrucksvollen Bildern sein Leben schaut.

Jetzt handelt es sich aber darum, mit der imaginativen Erkenntnis weiterzuschreiten. Wenn wir mit der imaginativen Erkenntnis weiterschreiten, dann bereichert sich das Leben.

Dann fassen wir die Dinge anders auf, als wir sie sonst auffassen.

Wir fassen anders das Verhalten auf, das wir anderen Menschen gegenüber gehabt haben, unser Benehmen anderen Menschen gegenüber. Wir fassen anders die Absichten auf, die wir bei diesem Benehmen gehabt haben, die Handlungen, die wir ausgeführt haben, die Art und Weise, wie wir zu den Menschen gewesen sind. Darüber mögen wir im gewöhnlichen Leben im einzelnen Fall denken, je nachdem wir mehr oder weniger gedankenlos sind, aber es ist da. Wir haben eine Vorstellung von der Art unseres eigenen Verhaltens, aber was wir da auffassen, ist nur ein Teil der Sache.

Nehmen wir an, wir erweisen einem Menschen eine gute oder eine böse Tat. Wir sehen die Folgen der guten Tat, die Zufriedenheit des anderen Menschen, sein Befriedigtsein. Vielleicht wird er in dieser oder jener Hinsicht gefördert. Wir sehen die Folgen einer solchen Handlungsweise, die in der physischen Welt eintreten. Haben wir eine böse Tat ausgeführt, dann sehen wir, wie wir dem Menschen geschadet haben, wie der Mensch unbefriedigt ist, wie er vielleicht physisches Leid davonträgt und so weiter. Das alles werden wir, wenn wir nicht davor fliehen, wenn es uns nicht unangenehm ist, die Folgen unserer Taten bei dem anderen Menschen zu beobachten, das alles werden wir innerhalb des physischen Lebens beobachten können.

Aber das ist nur die eine Seite der Sache. Jede Handlung, die wir Menschen gegenüber begehen, auch jede Handlung, die wir den anderen Naturreichen gegenüber begehen, hat noch eine andere Seite.

Nehmen wir an, wir erweisen einem Menschen eine gute Tat. Diese gute Tat, sie hat in der geistigen Welt ein Dasein, eine Bedeutung. Sie wärmt in der geistigen Welt, sie ist der Ausgangspunkt von Wärmestrahlungen, von geistigen Wärmestrahlungen in der geistigen Welt. Seelenwärme strömt in der geistigen Welt von einer guten Tat aus, die wir einem anderen Menschen erweisen, Seelenkälte strömt von einer bösen Tat aus, die wir einem anderen Menschen erweisen. Es ist so, dass wir Seelenwärme und Seelenkälte in die geistige Welt hineintragen nach der Art, wie wir uns zu den anderen Menschen verhalten. Andere Handlungen des Menschen sind wiederum so, dass sie in der geistigen Welt nach der einen oder anderen Richtung wie hellleuchtende Strahlen wirken, andere wirken in der geistigen Welt verfinsternd. Kurz, wir erleben im Leben nur die Hälfte von dem, was wir vollbringen.

Gehen wir an das imaginative Bewusstsein heran, dann schwindet vor diesem imaginativen Bewusstsein das, was das gewöhnliche Bewusstsein schon weiß. Ob ein Mensch gefördert oder geschädigt wird – es ist Sache des gewöhnlichen Bewusstseins, das zu sehen. Aber das, was eine Handlung, sei sie gut oder böse, sei sie weise oder töricht, was eine Handlung in der geistigen Welt an Seelenwärme und Seelenkälte, an Seelenerleuchtung und Seelenverfinsterung bewirkt – es ist eine große Mannigfaltigkeit da –, das steigt vor dem imaginativen Bewusstsein auf, das beginnt dann da zu sein.

Und wir sagen uns: Nicht deshalb, weil du das nicht gewusst hast, als du dein gewöhnliches Bewusstsein bei deinen Handlungen hast wirken lassen, nicht deshalb ist es nicht da. Wir sagen uns: Lass dir nur ja nicht einfallen, dass das, was du nicht gewusst hast bei deinem Handeln – dass es eine Quelle von Seelenstrahlungen, die leuchtender und wärmender Art sind –, dass es deshalb nicht da sei, weil du das nicht gesehen hast, nicht erlebt hast. Du hast es durchlebt, aber in deinem Unterbewusstsein. Du bist durch all das durchgegangen, was jetzt deine Augen, die Seelenaugen deines höheren Bewusstseins, sehen. Hast du bei einer Wohltat jemanden gefördert, hast du bei einer bösen Tat jemanden geschädigt, so hat dein Unterbewusstsein parallel gehend das erlebt, was die Tat in der geistigen Welt bedeutet.

In dem Augenblick, wo der Mensch mit dem imaginativen Bewusstsein so weit ist, dass dieses imaginative Bewusstsein sich genügend intensiviert hat, da schaut er nicht nur wie auf ein Panorama auf seine Erlebnisse hin, sondern er wird genötigt, darauf aufmerksam zu werden, dass er gar nicht ein ganzer Mensch ist, wenn er das nicht erlebt, was er da unerlebt gelassen hat – die andere Seite seiner Handlungen, die andere Seite seines irdischen Lebens. Gegenüber diesem Lebenspanorama, das bis zur Geburt oder über die Geburt hinausreicht, beginnen wir uns ganz krüppelhaft vorzukommen, wie wenn uns etwas abgeschlagen wäre. Wir sagen uns fortwährend: Das hättest du doch erleben sollen! Du bist so, wie wenn dir ein Auge abgeschlagen wäre, ein Bein abgeschlagen wäre! Du bist kein ganzer Mensch! Du hast die Hälfte deiner Erlebnisse in Wirklichkeit nicht gehabt!

Das muss im Laufe des imaginierenden Bewusstseins eintreten, dass man sich verstümmelt fühlt in Bezug auf seine Erlebnisse, dass man vor allen Dingen fühlt, dass das gewöhnliche Leben einem etwas zudeckt.

In unserer heutigen materialistischen Zeit ist das ganz besonders heftig, denn diese heutige materialistische Zeit glaubt überhaupt nicht daran, dass die menschlichen Handlungen mehr Wert und Bedeutung haben als den, den sie für das unmittelbare Leben haben, das sich äußerlich in der physischen Welt abspielt. Dass sich in der geistigen Welt noch etwas Besonderes abspielt, das betrachtet man mehr oder weniger als eine Torheit, wenn es behauptet wird. Aber es ist da. Und vor dem imaginierenden Bewusstsein tritt dieses Gefühl der Verstümmeltheit auf. Man sagt sich: Du musst dir die Möglichkeit geben, zu erleben, was du alles nicht erlebt hast. Das geht aber gar nicht in diesem Leben, das geht nur für Einzelheiten und in sehr geringem Maße.

Das ist das, was sich als Ernst über dem Menschen lagern wird, der tiefer schauend in das Leben hineinsieht: dass er während des Erdlebens von diesem Leben vieles nicht erleben kann, dass er einen Schuldschein auf die Zukunft ausstellen muss, dass er sich sagen muss: Das Leben stellt Aufgaben für das Erleben, die man in diesem Leben gar nicht erfüllen kann. Man muss sie dem Weltall schuldig bleiben und sagen: Ich werde das erst dann erleben können, wenn ich durch den Tod gegangen bin.

Es ist dies eine starke, wenn auch oft eine recht tragische Bereicherung des Lebens, die die Initiationswissenschaft gibt: dass wir das unvermeidliche Schuldigwerden gegenüber dem Leben empfinden und die Notwendigkeit einsehen, einen Schuldschein gegenüber den Göttern auszustellen und uns zu sagen: Das kann ich erst erleben, wenn ich gestorben bin. Dann erst kann ich in ein solches Erleben eintreten, wie ich es dem Weltall schuldig geworden bin.

Dieses Bewusstsein, dass das innere Leben zum Teil in einem Ausstellen von Wechseln auf die Zukunft nach dem Tod geschehen muss, dieses innerliche Bewusstsein vertieft ungeheuer das Menschenleben. Und Geisteswissenschaft ist nicht dazu da, dass wir nur theoretisch das eine oder das andere wissen lernen. Derjenige, der Geisteswissenschaft so studiert, wie man andere Dinge studiert, der täte besser daran, ein Kochbuch zu studieren. Da wäre er dazu gedrängt, die Sache nicht bloß theoretisch zu nehmen, denn das Leben, vor allem das Leben des Magens und was sich daran reiht, sorgt dafür, dass man ein Kochbuch ernster nimmt als eine bloße Theorie.

Es ist schon notwendig, dass Geisteswissenschaft, wenn sie an den Menschen herantritt, das Leben empfindungsgemäß, herzgemäß vertieft.

Und es gibt eine ungeheure Vertiefung des Lebens, wenn wir auf dieses Schuldigwerden den Göttern gegenüber aufmerksam werden und uns sagen: Die Hälfte des Lebens, die auch da ist, während ich auf der Erde lebe, kann ich nicht durchleben, weil sich das unter der Oberfläche des Daseins verbirgt. Lernen wir durch Initiation erkennen, was sich da für das gewöhnliche Bewusstsein verbirgt, so können wir in das hineinsehen, was wir schuldig geworden sind. Mit dem gewöhnlichen Bewusstsein sehen wir nicht, was wir schuldig geworden sind, weil wir den Schuldschein nicht lesen können, den wir selbst ausstellen. Mit dem initiierten

Bewusstsein können wir den Schuldschein lesen, aber wir können ihn nicht in diesem Leben bezahlen. Wir müssen dafür warten, bis der Tod kommt.

Haben wir dieses Bewusstsein erlangt, haben wir das menschliche Gewissen so vertieft, dass dieses Bewusstsein des Schuldiggewordenseins ganz lebendig in uns ist, dann sind wir reif geworden, das Menschenleben weiter zu verfolgen – nach jenem rückschauenden Tableau, von dem wir gesprochen haben, wo wir bis zu der Geburt zurückgehen. Dann sehen wir, dass einige Tage nach dem Tod dieses beginnt, meine lieben Freunde, dass wir das erleben müssen, was wir unerlebt gelassen haben. Für jede einzelne Tat, die wir gegenüber Menschen oder auch gegenüber der Welt getan haben, müssen wir erleben, was wir unerlebt gelassen haben.

Die letzten Taten, die wir vor unserem Tod getan haben, treten zuerst auf, dann geht es weiter zurück im Leben. Zuerst werden wir auf die Weltbedeutung der bösen und der guten Taten aufmerksam, die wir zuletzt getan haben. Was wir auf der Erde an ihnen erlebt haben, das bleibt weg. Was sie für die Welt bedeuten, das wird jetzt durchlebt. Und weiter zurück geht es. Wir erleben unser Leben rückwärts laufend noch einmal. Wir wissen, wir sind während dieser Zeit, in der wir unser Leben rücklaufend noch einmal erleben, in der wir die Weltbedeutung dieses Lebens erleben, wir sind während dieser Zeit noch mit der Erde verbunden, denn es ist nur die andere Seite der irdischen Taten, die wir da erleben.

Da fühlt der Mensch so, wie wenn sein weiteres Leben im Schoß des Weltalls getragen würde. Es ist eine Art

Embryonalleben für das weitere Leben zwischen dem Tod und einer neuen Geburt, was da der Mensch erlebt, nur dass er nicht von einer Mutter embryonal getragen wird, sondern von der Welt dessen getragen wird, was er hier im physischen Dasein nicht erlebt hat. Er lebt sein physisches Dasein noch einmal zurück, aber in seiner Weltbedeutung. Da erlebt er es mit einem stark geteilten Bewusstsein.

Wenn wir hier in der physischen Welt leben und die Naturreiche anschauen, die um uns herum sind, dann fühlen wir uns als Mensch so recht wie ein König den anderen Reichen gegenüber. Selbst wenn wir den Löwen den König der Tiere nennen, so fühlen wir uns als Mensch über ihn erhaben. Wir fühlen die Wesen der anderen Reiche als unter uns stehend. Wir können die anderen Wesen beurteilen, wir schreiben ihnen aber nicht zu, dass sie uns beurteilen können. Wir stehen über den Wesen der anderen Naturreiche.

Ein ganz anderes Gefühl haben wir, wenn wir nach dem Tod durch das Erleben durchgehen, das wir eben geschildert haben. Da fühlen wir uns nicht gegenüber den Reichen der Natur, über die wir erhaben sind, sondern wir fühlen uns gegenüber den Reichen der geistigen Welt, denen gegenüber wir «unterhaben» sind. Wir fühlen uns jetzt als das Niedrigste, und die anderen über uns stehend.

Indem der Mensch nach dem Tod durch das vorher Unerlebte durchgeht, fühlt er überall die Wesen, die jetzt über ihn erhaben sind, denen gegenüber er unterhaben ist. Diese Wesen bringen ihre Sympathien und Antipathien dem entgegen, was er infolge seines Erdlebens durchlebt.

Da ist der Mensch überall, meine lieben Freunde, in diesem Leben nach dem Tod, wie in einem Regen drinnen, in einem geistigen Regen. Er durchlebt seine Taten noch einmal, nämlich ihre geistige Seite, aber indem er diese Taten durchlebt, regnet es. Da tropfen herunter die Sympathien und die Antipathien der erhabenen Wesen, die über ihm stehen. Da wird er überschüttet, übergossen von ihren Sympathien und Antipathien. Und da überkommt ihn in geistiger Wesenheit das Gefühl: Das, worauf die Sympathien der erhabenen Wesen der höheren Hierarchien strahlen, das wird in das Weltall aufgenommen und bildet ferner einen guten Einschlag im Weltall; das, worauf die Antipathien der erhabenen Wesen fallen, das wird zurückgewiesen. Der Mensch fühlt, das wäre ein schlimmer Einschlag im Weltall, wenn er es nicht an sich behalten würde.

Eine böse Tat, einem Menschen gegenüber verrichtet, wird von den Antipathien der erhabenen Wesen übertropft. Und der Mensch fühlt: Diese Verbindung mit den Antipathien der erhabenen Wesen würde etwas außerordentlich Schlimmes für das Weltall bedeuten, wenn er das, was eine böse Tat für das ganze Weltall bedeutet, nicht an sich behalten würde, wenn er es aus sich herauslassen würde. Aus diesem Grund sammelt der Mensch das auf, was die Antipathien der erhabenen Wesen empfängt. Damit legt er die Grundlage für das Karma, für das, was dann auf die Art, wie wir es in den nächsten Tagen schildern werden,[16] ins nächste Erdleben hinüberwirkt, damit es durch andere Taten seinen Ausgleich findet.

---

16 s. Rudolf Steiner, *Zwischen Schicksal und Freiheit* (München 2006; vgl. auch GA 235).

Man kann diesen Durchgang des Menschenwesens durch das Seelengebiet nach dem Tod mehr von der Außenseite her schildern, wie ich es in meinem Buch *Theosophie* getan habe. Da ist es mehr nach den Gedankengängen geschildert, die man gewohnt worden ist in unserem Zeitalter. Jetzt, wo ich noch einmal rekapitulierend innerhalb der Allgemeinen Anthroposophischen Gesellschaft das schildere, was Systematik der Anthroposophie ist, möchte ich die Dinge mehr innerlich schildern. Ich schildere sie so, wie ich sie jetzt schildere, sodass wir spüren können, wie der Mensch das mit seinem Menschenwesen, mit seiner Menschenindividualität im Leben nach dem Tod erlebt.

Dann aber können wir, wenn wir dieses durchschauen, noch einmal einen Blick auf die Traumwelt zurückwerfen, und dann erscheint uns diese Traumwelt in einem neuen Licht. Wenn wir schauen, wie ein Mensch durch den Tod hindurchgeht und die geistige Seite seiner irdischen Taten, seines Erddaseins, auch seiner Erdgedanken, erlebt, können wir wieder auf den träumenden Menschen zurückblicken, auf all das, was der Mensch während des Schlafes erlebt hat. Dann sagen wir uns: Während des Schlafes hat der Mensch das schon einmal durchlebt, nur ganz unbewusst. Es tritt der Unterschied auf zwischen dem Erleben im Schlaf und dem Erleben, das wir nach dem Tod haben.

Betrachten wir das menschliche Leben: Die Wachzustände sind da immer vom Schlaf unterbrochen. Nehmen wir an, dass ein Mensch keine Schlafmütze ist, so bringt er ungefähr ein Drittel seines Lebens schlafend zu. Während dieses Drittels seines Lebens durchlebt er diese andere, geistige Seite seiner Taten, nur weiß er nichts davon. Der Traum wirft nur ein ganz leichtes Wellenkräuseln auf. Da merkt der Mensch manches von dieser anderen Seite im Traum, aber es ist nur ein schwaches Wellenkräuseln oben. Der tiefe Schlaf aber lässt ihn unbewusst all das erleben, was die geistige Seite des Tageslebens ist.

Im bewussten Tagesleben erleben wir, was wir denken und fühlen, wie die Menschen gefördert oder nicht gefördert werden durch uns. Im Schlaf erleben wir unbewusst, was die Götter über unsere Taten und über unsere Gedanken während des wachen Lebens denken. Aber wir wissen nichts davon. Deshalb kommt sich derjenige, der in die Geheimnisse des Daseins hineinblickt, so verstümmelt vor, wie mit einer Schuld belastet, wie wir es beschrieben haben. Das ist alles im Unterbewussten geblieben – nach dem Tod wird es bewusst durchlaufen. Und deshalb wird derjenige Teil des Lebens noch einmal durchlebt, der verschlafen worden ist, das heißt, ungefähr ein Drittel des Erdlebens der Zeit nach.

Wenn also jemand durch den Tod gegangen ist, so lebt er Nacht für Nacht wieder zurück, nur dass das, was er Nacht für Nacht unbewusst erlebt hat, jetzt bewusst durchlebt wird. Man kann schon sagen, obwohl es fast scheint, als wollte man über diese außerordentlich ernsten Dinge spotten: Verschläft einer den größeren Teil seines Lebens, so dauert dieses Nacherleben nach dem Tod länger; ist einer ein Kurzschläfer, so dauert es bei ihm weniger lang – durchschnittlich ein Drittel, weil der Mensch durchschnittlich ein Drittel verschläft. Wird ein Mensch im physischen Erdleben

60 Jahre alt, so dauert dieses Durchleben nach dem Tod 20 Jahre. Und während dieses Durchlebens macht er für die geistige Welt eine Art Embryonalzustand durch.

Dann, wenn er das durchgemacht hat, ist er erst die Erde los. Dann umhüllt sie ihn nicht mehr, die Erde. Dann wird der Mensch für die geistige Welt erst geboren, in der er zwischen dem Tod und einer neuen Geburt lebt. Er fühlt das nach dem Tod wie die Geburt für die geistige Welt, wenn er aus den Schalen des Erddaseins herausschlüpft, die er geistig bis dahin an sich getragen hat.

Was dann weiter ist, meine lieben Freunde, das möchte ich Ihnen morgen schildern.[17]

---

17 Morgen wird also um 5 Uhr eine Eurythmiedarstellung und um 8 Uhr die Fortsetzung dieses Vortrags sein.

Neunter Vortrag

Vier Formen der Erinnerung

Vom Leben auf der Erde zum Sein im Geist

Dornach, 10. Februar 1924

Meine lieben Freunde! Wir haben gestern und auch in den vorangehenden Tagen gesehen, welche bedeutende Ausblicke auf das ganze menschliche Dasein und auf seinen Zusammenhang mit der Welt sich uns bieten, wenn wir die Erinnerungsfähigkeit des Menschen ins Auge fassen. Wir wollen heute diese Erinnerungsfähigkeit weiter betrachten, so wie sie uns in ihren verschiedenen Formen im menschlichen Leben erscheint.

Zunächst haben wir die Erinnerungsfähigkeit des gewöhnlichen Bewusstseins, das der Mensch zwischen der Geburt und dem Tod hat. Der Mensch verwandelt das, was er im robusten Leben durchmacht, was er mit all seinem Denken, Fühlen und Wollen, mit der Entfaltung auch seiner physischen Kräfte durchmacht, das verwandelt er in Erinnerungen. Er kommt von Zeit zu Zeit zurück in seinem Seelenleben auf die Erinnerungsbilder dessen, was er durchgemacht hat.

Aber vergleichen wir diese entweder frei auftauchenden oder gesuchten Erinnerungsbilder in ihrer Schattenhaftigkeit, in ihrem bloßen Gedanken- und Vorstellungsdasein, mit der Robustheit der Erlebnisse, auf die sie sich beziehen, so werden wir uns sagen: Es sind die Erinnerungen nur Bilder. Aber als Bilder sind sie das, was wir in unserem Ich von unseren Erlebnissen in der Außenwelt für uns behalten. Wir tragen die Erinnerungen in uns als einen aus unseren Erlebnissen erarbeiteten Schatz.

Und wenn uns irgendetwas in krankhaften Fällen – wir haben davon auch gesprochen – verlorengeht von diesen Erinnerungen, dann ist das ein Schadhaftwerden unseres Ich selbst. Wir fühlen, dass unser innerstes Wesen, unser Ich, schadhaft geworden ist, wenn es in krankhaften Fällen dies und jenes aus dem Schatz der Erinnerungen auslöschen muss, der unser Leben zu einem Ganzen macht. Wir können auch auf die furchtbaren Zustände hinweisen, die zuweilen auf anderem Feld bei Gehirnschlägen dadurch eintreten, dass gewisse Partien des verflossenen Lebens in der Erinnerung ausgelöscht werden.

Blicken wir von einem gewissen Zeitpunkt unseres Lebens zurück auf das verflossene Dasein seit unserer Geburt, dann müssen wir den Zusammenhang der Erinnerungen fühlen, erleben, damit wir uns so recht als seelisch gesunden Menschen ansehen können.

Das sind einige Züge, die darauf hinweisen, was die Erinnerungsfähigkeit während des physischen Erdlebens ist. Sie ist aber noch viel mehr. Was wäre uns die Außenwelt mit ihren sich immer erneuernden Eindrücken, mit all dem, was sie in Lebhaftigkeit gibt, was wäre sie uns, wenn wir nicht in der Lage wären, das, was als neue Eindrücke kommt, an das Erinnerte anzuknüpfen! Und nicht zuallerletzt dürfen wir sagen: Alles Lernen besteht darin, dass das Neue, das an den Menschen herangebracht wird, an das angeknüpft wird, was er schon in seinen Erinnerungen trägt. Ein großer Teil der Schulmethodik beruht darauf, dass wir in der rationellsten Weise finden, wie wir Neues, das wir den Kindern beizubringen haben, an das anknüpfen, was wir aus dem Schatz ihrer Erinnerungen holen können.

Überall da, wo es darauf ankommt, die Außenwelt an das Seelische heranzubringen, das Seelische selbst aufzurufen, damit es fühlt, innerlich erlebt das eigene Dasein, all das appelliert zuletzt an die Erinnerung. Sodass wir sagen müssen: Die Erinnerung macht den wichtigsten, den weitaus umfassendsten Teil des Innenlebens des Menschen während seines Erddaseins aus.

Jetzt aber betrachten wir diese Erinnerung noch von einem anderen Gesichtspunkt aus. Wir können leicht wissen, dass diese Erinnerung, die Summe der Erinnerungen, die wir in uns tragen, ein Fragment ist. Wir haben im Laufe des Lebens so manches vergessen, aber es gibt Augenblicke des Lebens, manchmal gerade krankhafte Augenblicke des Lebens, wo längst Vergessenes wieder heraufkommt. Und insbesondere sind es die Augenblicke, in denen der Mensch sich dem Tod naht, wo mancherlei auftaucht, das schon ganz fern seiner bewussten Erinnerung war. Sterbende alte Menschen erinnern sich plötzlich an Dinge, die längst aus ihrer bewussten Erinnerung verschwunden waren.

Und wenn wir den Traum, der auch an die Erinnerung anknüpft, intim studieren, so finden wir, dass im Traum Dinge auftauchen, die wir erlebt haben, an denen wir aber unaufmerksam vorübergegangen sind, die wir nicht beachtet haben, und die trotzdem im Seelenleben drinnen sind. Solche Dinge kommen gerade dann auf, wenn die Hindernisse des physischen und ätherischen Organismus nicht wirken, wenn der astralische Leib und das Ich im Schlaf allein sind. Wir beachten das gewöhnlich nicht, und so kommen wir nicht darauf, dass das, was die bewusste Erinnerung ist, nur ein Fragment dessen ist, was wir in derselben Form, nur gleich ins Unterbewusste tauchend, vom Leben aufnehmen und innerlich verarbeiten.

Solange wir im Erddasein leben, so lange halten wir das, was aus den Tiefen der Seele in Form von Erinnerungsgedanken auftaucht, für das Wesentliche an der Erinnerung. Die Gedanken an Erlebtes kommen und gehen wieder. Wir suchen sie auf und wir halten sie für das Wesentliche der Erinnerung.

Wenn wir aber durch des Todes Pforte gehen, dann folgen auf das Erddasein Tage, in denen wie in einem mächtigen Panorama die Bilder des eben verflossenen Erdlebens auftreten. Sie sind auf einmal da. Was viele Jahre vergangen ist, das ist gleichzeitig mit dem da, was nur ein paar Tage vergangen ist. Wie das Räumliche nebeneinander da ist und eine äußere Raumperspektive hat, so ist jetzt alles Zeitliche unseres Lebens nebeneinander da, und es hat eine innere Zeitperspektive. Es ist auf einmal da, nur wird es in der kurzen Zeit, in der es da ist, immer schattenhafter, immer abgeschwächter.

Während wir im physischen Erdleben in uns schauen, fühlen wir: Wir haben die Bilder des irdischen Lebens als

Erinnerungsbilder wie zusammengerollt in uns. Diese Bilder werden jetzt immer größer, immer mächtiger. Wir fühlen, wie wenn die Bilder unserer Erinnerung von der Welt aufgenommen würden. Was erst ein eng Umgrenztes in diesem Erinnerungstableau nach dem Tod umschließt, das wird immer größer, aber damit auch immer schattenhafter, bis wir es wie zu einem Weltall erweitert sehen, aber schwach geworden, sodass wir kaum noch ahnen können, was wir erst deutlich gesehen haben. Wir ahnen es nur noch – und dann verschwindet es in die Weiten, es ist nicht mehr da.

Das ist die erste Metamorphose der Erinnerung, das ist die zweite Form, die die Erinnerung unmittelbar in den Tagen nach dem Tod annimmt. Das ist die Form, von der wir sagen können: Es fliegen unsere Erinnerungen in das Weltall fort. All das, mit dem wir zwischen der Geburt und dem Tod unser Dasein so eng verbunden haben wie mit der Erinnerung, all das weitet sich, wird groß, wird immer schattenhafter, und verliert sich am Ende in die Weiten des Weltalls.

Es ist so, wie wenn wir das Ich, das wir während des Erdlebens als unser Ich bezeichnet haben, wie wenn wir dieses Ich in die Weiten des Weltalls hinschwinden sehen würden. Und das Ende der wenigen Tage, in denen wir solches erleben, ist dieses, dass wir gegenüber unseren enteilenden Erinnerungen uns sagen müssen: Wir werden selbst zerstreut, wir erweitern uns in das Weltall. Wir erweitern uns in das Weltall so weit, dass wir den Augenblick erleben, wo wir uns mit dem, in dem wir uns zwischen der Geburt und dem Tod gefühlt haben, dass wir uns mit dem von den Weiten des Weltalls aufgenommen fühlen.

Dann, nachdem wir diese übersinnliche Betäubung durchgemacht haben, diese übersinnliche Ohnmacht, die uns das innere Bewusstsein des Erddaseins in der Summe der Erinnerungsvorstellungen nimmt, dann leben wir auf in der zweiten Metamorphose, in der dritten Form der Erinnerung. Und diese dritte Form der Erinnerung, sie lehrt uns: Das, was wir während des Erddaseins als unser Selbst mithilfe der Erinnerungen bezeichnet haben, das hat sich in die Weiten des Weltalls zerstreut, das hat vor uns und für uns seine Nichtigkeit bewiesen. Wären wir nur das, was in unseren Erinnerungen zwischen Geburt und Tod bewahrt werden konnte, so wären wir ein Nichts wenige Tage nach unserem Tod.

Da tauchen wir dann in etwas ganz anderes unter, da werden wir gewahr: Wir können unsere Erinnerungen nicht halten, das, was in uns als unsere Erinnerungen sitzt, das können wir nicht halten. Die Welt nimmt es uns weg nach dem Tod. Aber hinter all den Erinnerungen, die wir während des Erdlebens gehegt haben, sitzt ein Objektives. Das geistige Gegenstück, von dem wir gestern gesprochen haben, ist in der Welt eingeschrieben. Und wir tauchen jetzt in dieses geistige Gegenstück unserer Erinnerungen unter.

Indem wir unsere Erlebnisse seit der Geburt bis zum Tod durchgemacht haben, haben wir mit diesem und jenem Menschen, mit dieser Pflanze, mit jener Quelle, mit all dem, an das wir herangetreten sind während des Lebens, dies und jenes erlebt. Nichts von all dem, was wir erlebt haben, bleibt in seinem geistigen Gegenstück uneingeschrieben in die geistige Wirklichkeit, in der wir außer der physischen

Wirklichkeit immer auch sind. Jeder Händedruck, den wir mit irgendeinem Menschen gewechselt haben, hat sein geistiges Gegenstück. Das ist in die geistige Welt eingeschrieben, das ist da.

Während wir in den ersten Tagen nach dem Tod auf unser Leben hinschauen, haben wir die Bilder dieses Lebens vor uns. Sie decken uns das zu, was durch unsere Taten, durch unsere Gedanken, durch unsere Gefühle in die Welt eingeschrieben worden ist. Wir sind in dem Augenblick, wo wir durch die Pforte des Todes in das andere Leben eintreten, wir sind in diesem Augenblick von dem erfüllt, was sich uns in jenem Lebenstableau darstellt (s. Zeichnung S. 124, rötlich), das Bilder enthält – Bilder, die perspektivisch bis zur Geburt und selbst über diese hinausgehen. Aber das, was sich da als Bilder aufstellt, das schwindet bald in die Weiten des Weltalls hinaus.

Und dann werden sichtbar bis zur Geburt hin die geistigen Gegenbilder all der Taten, die wir vollbracht haben. All das, was wir getan haben, wird in den geistigen Gegenbildern sichtbar, aber so, dass wir unmittelbar den Antrieb erhalten, den Weg zurückzumachen, noch einmal durch all diese Erlebnisse durchzugehen (grünliche Wellen zwischen «Tod» und «Geb.»).

Der Mensch weiß gewöhnlich, wenn er von Dornach nach Basel geht, dass er auch von Basel nach Dornach gehen kann, weil er hier in der physischen Welt die entsprechende Raumesvorstellung hat. Der Mensch weiß aber in seinem gewöhnlichen Bewusstsein nicht, dass, wenn er von der Geburt bis zum Tod geht, er auch vom Tod bis zu der

Geburt gehen kann, in genau derselben Weise, wie er in der physischen Welt von Dornach nach Basel und von Basel nach Dornach gehen kann. So kann er von dem Tod bis zur Geburt gehen, ebenso wie er während des physischen Erdlebens von der Geburt bis zum Tod geht.

Das tun wir in der geistigen Welt, indem wir zurücklaufend die geistigen Gegenbilder all der Erlebnisse durchmachen, die wir hier während des Erdlebens gehabt haben. Wir haben ein Erlebnis mit irgendetwas im außermenschlichen Naturreich, sagen wir mit einem Baum gehabt. Wir haben diesen Baum bloß betrachtet, oder wir haben ihn als Holzfäller umgehauen. Das alles hat ein geistiges Gegenbild. Es hat eine Bedeutung für das ganze Weltall, für die geistige Welt – ob wir einen Baum bloß betrachtet haben, ob wir den Baum umgehauen haben, ob wir sonst irgendetwas mit ihm gemacht haben. Das, was wir mit dem physischen Baum erleben, das erleben wir im physischen Erdleben. Was dieses Ereignis als geistiges Gegenbild hat, das erleben wir jetzt zurücklaufend von dem Tod bis zur Geburt.

Haben wir ein Erlebnis mit einem Menschen gehabt, haben wir einem Menschen Schmerz zugefügt, so gibt es ein geistiges Gegenbild schon während des Lebens in der physischen Welt, nur ist es nicht unser Erlebnis, es ist der Schmerz, den der andere erlebt. Bei uns ist der Schmerz des anderen sogar die Ursache eines Wohlgefühls aus dem heraus, dass wir ihm den Schmerz bereitet haben. Rache oder Ähnliches hat uns vielleicht erfüllt. Indem wir jetzt das Leben zurücklaufen, machen wir nicht unser Erlebnis durch, sondern das Erlebnis des anderen, das, was der andere durch unsere Tat erlebt hat. Das gehört auch zum geistigen Gegenbild, und es ist in der geistigen Welt eingeschrieben. Der Mensch erlebt auf geistige Art noch einmal seine Erlebnisse, zurückgehend von dem Tod bis zur Geburt.

Dieses Erleben ist damit verbunden, wie wir schon gestern gesagt haben, dass wir bei diesem Erleben fühlen, dass an ihm Wesen teilnehmen, die übermenschlich sind. Indem wir uns mit diesen geistigen Gegenbildern unserer Erlebnisse durchdringen, ist es so, als ob fortwährend von oben die Sympathien und Antipathien der geistigen Wesen herunterrieselten, die mit unseren Taten und mit unseren Gedanken im rückläufigen Erleben ihre Sympathien und Antipathien haben.

Wir erleben in diesem rückläufigen Erleben für jedes Einzelne, das wir auf der Erde aus uns heraus vollbracht haben, sei es in Gedanken, sei es in Gefühlen, sei es in Willensimpulsen, sei es in Taten, wir erleben für jedes Einzelne, wie viel Wert es ist für das auf das Geistige orientierte Dasein. Wir erleben in bitterem Schmerz die Schädlichkeit irgendeiner Tat, die wir begangen haben. Wir erleben in brennendem Durst die Leidenschaften, die wir in unserer Seele gehabt haben. Wir erleben sie so lange in brennendem Durst, diese Leidenschaften, bis wir genügend die Wertlosigkeit des Leidenschafthabens für die geistige Welt erlebt haben, bis wir über dieses Leidenschafthaben, wie es von der physischen Persönlichkeit auf der Erde abhängt, hinausgekommen sind.

Indem dies betrachtet wird, tritt sehr stark hervor, wo die Grenze zwischen dem Seelischen und dem Physischen ist.

Der Mensch wird leicht den Durst oder den Hunger für etwas Physisches halten, weil Durst und Hunger physische Veränderungen im Organismus hervorrufen. Aber denken wir, meine lieben Freunde, dieselben physischen Veränderungen, die in einem physischen Organismus sind, wenn er Durst hat, seien in einem Körper, der nicht mehr beseelt ist. Dieselben Veränderungen können da sein, aber der nicht beseelte Körper erlebt keinen Durst. Wir können als Chemiker untersuchen, welche Veränderungen in uns stattfinden, wenn wir Durst haben. Bringen wir dieselben Veränderungen mit denselben Substanzen und mit demselben Kräftezusammenhang in einem Körper hervor, der nicht beseelt ist, so hat er keinen Durst.

Durst ist nicht etwas, was im physischen Leib lebt, Durst ist etwas, was durch Veränderungen des physischen Leibes im Seelischen, im Astralischen lebt. Ebenso der Hunger. Wenn jemand in seiner Seele einen großen Gefallen an etwas hat, was ihm durch physische Verrichtungen befriedigt wird, dann ist es so, wie wenn er hier im physischen Leben Durst hat. Das Seelische empfindet Durst, brennenden Durst nach Dingen, die sich der Mensch hier angewöhnt hat, durch physische Verrichtungen zu befriedigen. Die physischen Verrichtungen kann er aber nicht vornehmen, wenn er den physischen Leib abgelegt hat.

Ein großer Teil des Lebens nach dem Tod während dieses Rückgangs, den wir angedeutet haben, verläuft damit, dass der Mensch sich in seinem Geistig-Seelischen erst angewöhnen muss, ohne den physischen Leib zu leben. Er hat zunächst fortwährend einen brennenden Durst nach dem, was sich nur durch den physischen Leib befriedigen lässt. Geradeso, wie sich das Kind daran gewöhnen muss, seine Organe zu gebrauchen, wie es gehen und sprechen lernen muss, so muss sich der Mensch im Leben zwischen Tod und neuer Geburt daran gewöhnen, nicht mehr seinen physischen Leib als die Grundlage seiner Seelenerlebnisse zu haben. Er muss in eine geistige Welt hineinwachsen.

Es gibt Beschreibungen dieses Erlebens, das, wie wir gestern gesagt haben, ein Drittel der Zeit des physischen Lebens dauert, es gibt Beschreibungen, die dieses Erleben wie eine «Hölle» schildern. Wenn wir Beschreibungen lesen, wie sie zum Beispiel in der Literatur der Theosophischen Gesellschaft von diesem Leben gegeben werden, das dort nach orientalischem Gebrauch «Kamaloka» (Ort der Begierde) genannt wird, wenn wir solche Beschreibungen lesen, so bekommen wir eine Gänsehaut. So sind die Dinge aber nicht.

Es ist so, dass, wenn wir unmittelbar mit dem Erdleben das vergleichen, was da durchgemacht wird, es in vieler Beziehung etwas Gruseliges hat. Aber wir können es nicht unmittelbar mit dem irdischen Leben vergleichen, weil der Mensch es nicht im irdischen Leben, sondern nach dem irdischen Leben erlebt, und weil der Mensch nach dem Tod nicht mit den Begriffen des irdischen Lebens urteilt.

Die Erlebnisse nach dem Tod sind etwas ganz Ungewöhnliches, weil wir uns in die geistigen Gegenbilder und Gegenwerte dessen hineinfinden müssen, was wir auf der Erde durchgemacht haben. All das, was wir auf der Erde in Wohlbehagen durchgemacht haben, ist dort Entbehrung, bittere Entbehrung. Dort hat das etwas Befriedigendes, was wir auf der Erde als Unbefriedigendes oder als Schmerzhaftes, als Leidvolles, durchgemacht haben.

Wenn wir dadurch, dass wir einem anderen Menschen Schmerz zugefügt haben, den Schmerz dieses anderen Menschen nach dem Tod selbst erleben, so sagen wir uns in diesem Erleben: Wenn ich diesen Schmerz nicht erleben würde, würde ich eine unvollkommene Menschenseele bleiben. Das würde fortwährend von mir etwas wegnehmen, was ich da als Schaden im Weltall angerichtet habe. Ich werde nur ein ganzer Mensch, wenn ich den Ausgleich erlebe.

Je nach der Seelenverfassung kann es sein, dass der Mensch sich nach dem Tod schwer zu dem Urteil durchringt, dass es eine Wohltat ist, ein Schmerzhaftes zu empfinden für die Zufügung eines Schmerzes an jemand anderem. Es kann für ihn schwer sein, sich zu diesem Urteil durchzuringen. Aber es gibt eine solche Seelenverfassung, die es leichter macht, und das ist diejenige, die schon hier im Erdleben das übersinnliche Leben kennenlernt. Es gibt eine Seelenverfassung, die das, was da als leidvoller Ausgleich für manches im Erdleben durchgemacht wird, sogar als Beseligung empfindet, weil der Mensch durch diesen leidvollen Ausgleich in der Vollkommenheit seines Menschtums vorwärtskommt. Er würde sonst zurückbleiben in der Vollkommenheit seines Menschtums.

Wenn wir einem anderen Menschen Leid zugefügt haben, sind wir weniger wert, als wir waren, bevor wir ihm dieses Leid zugefügt haben. Und wenn wir vernünftig urteilen, so werden wir sagen: Ich bin für das Weltall, nachdem ich einem anderen Menschen Leid zugefügt habe, eine schlechtere Menschenseele, als ich war, bevor ich es ihm zugefügt habe. Ich war mehr wert, bevor ich ihm das Leid zugefügt habe. Und wir empfinden es als eine Wohltat, wenn wir nach dem Tod den Ausgleich finden können dadurch, dass wir dieses Leid selber erleben.

Das ist die dritte Form dessen, meine lieben Freunde, was als Erinnerung in uns lebt. Zuerst wird uns für einige Tage nach dem Tod zu Bildern verdichtet, was wir in uns an Erinnerungen getragen haben – aber dann wird es in das Weltall hinaus zerstreut. Unser inneres Leben in der Form von Gedanken geht zurück zum Weltall. Aber in der Welt selbst ist auf geistige Art das eingeschrieben, was wir durchlebt haben. Nachdem wir das verloren haben, was wir während des Lebens an Erinnerungen in uns eingesperrt gehalten haben, nachdem dieses Eingesperrte die Weiten gesucht hat, gibt es uns die Welt aus ihren Einschreibungen als ein Objektives wieder zurück.

Meine lieben Freunde! Es gibt kaum einen stärkeren Beweis für das Verbundensein des Menschen mit der Welt, als den, der nach dem Tod dadurch eintritt, dass wir in Bezug auf unser Innenleben uns zuerst genommen werden, um uns wieder aus der Welt gegeben zu werden. Und selbst die leidvollen Ereignisse empfinden wir nach dem Tod als etwas, was zum Menschtum in seiner Ganzheit gehört. Wir haben die Empfindung: Was wir als unser Innerliches während des Erdlebens gehabt haben, das nimmt die Welt an sich. Und das, was wir in die Welt hineingeprägt haben, das gibt uns die Welt zurück. Gerade das, was wir nicht beachtet haben, das, an dem wir vorübergegangen sind, was wir aber mit deutlichen Strichen in das geistige Dasein hineingraviert haben, mit dem gibt uns die Welt unser eigenes Selbst wieder zurück.

Und wir gelangen dann im rückläufigen Lebenslauf durch die Geburt in die Weiten des geistigen Daseins hinaus. Dieses, dass wir das durchgemacht haben, gibt uns erst jenes Dasein, durch das wir in der geistigen Welt sein können. Wir treten erst durch all das, was wir durchgemacht haben, in die geistige Welt ein.

Und die Erinnerungsfähigkeit nimmt jetzt ihre vierte Form an. Wir fühlen jetzt, dass während des Erdlebens überall hinter der gewöhnlichen Erinnerung etwas in uns gelebt hat. Aber das, was da in uns gelebt hat, kam uns nicht zum Bewusstsein. Es hat sich in die Welt eingeschrieben – jetzt werden wir es selbst. Jetzt nehmen wir unser Erdleben in seiner geistigen Bedeutung auf, jetzt werden wir selbst diese geistige Bedeutung. Wir stehen, nachdem wir zurücklaufend durch die Geburt in die geistige Welt hineingekommen sind, in einer eigenartigen Weise vor der geistigen Welt.

Wir stehen selbst, in unserem geistigen Gegenwert, vor der Welt, nachdem wir durch unser Leben durchgegangen sind und das Leid erlebt haben, das wir einem anderen zugefügt haben, nachdem wir den geistigen Gegenwert des Erlebnisses mit einem Baum erlebt haben. Das alles war auf der Erde ein Erlebnis, aber noch nicht ein Selbsterlebnis. Es lässt sich mit der embryonalen Daseinsweise eines Menschen vergleichen, bevor er geboren wird: Da ist all das, was der Mensch erlebt, noch nicht zum Selbstbewusstsein erwacht, nicht einmal in den ersten Jahren seines physischen Erdlebens; das Selbstbewusstsein erwacht erst allmählich. So wird all das, was wir rückläufig erleben, erst nach und nach unser Selbst, unser geistiges Selbstbewusstsein, indem wir mehr und mehr in die geistige Welt hineinkommen.

Und wir sind jetzt das, was wir erlebt haben. Wir sind unser eigener geistiger Gegenwert. Mit diesem Dasein, das die andere Seite unseres Erddaseins darstellt, treten wir in jene Welt ein, in der nichts von den Reichen der äußeren Natur ist, nichts von Mineral-, Pflanzen- und Tierreich. Das sind Reiche, die dem Erddasein angehören. Wir treten in jene Welt ein, in der jene Menschenseelen auftreten, die vor uns dahingegangen sind und mit denen wir in irgendeiner Beziehung gestanden haben, und die Individualitäten höherer geistiger Wesen. Wir leben als Geist unter Menschengeistern und unter höheren Geistern. Diese Umgebung geistiger Individualitäten ist jetzt unsere Welt.

Die Beziehung dieser geistigen Individualitäten, seien es andere Menschen, seien es Wesen, die nicht zur Menschheit gehören, die Beziehung dieser Wesen zu uns selbst, die wir in unserem geistigen Dasein in die geistige Welt eintreten, diese Beziehung ist jetzt unsere Erfahrung, unser Erleben. Wie wir hier auf der Erde mit den Wesenheiten der äußeren Naturreiche unser Leben haben, haben wir jetzt das Leben mit geistigen Wesen, mit geistigen Wesen verschiedener Stufen.

Und was ganz besonders bedeutsam ist, das ist dieses: Während unseres Durchgangs durch dieses hier schematisch gezeichnete Leben zwischen dem Tod und einer neuen Geburt, während dieses rückläufigen Lebens haben wir die Sympathien und Antipathien empfunden, die – wie wir gestern vergleichsweise gesagt haben – wie ein Regen, wie ein seelischer Regen diese Erlebnisse durchrieseln. Jetzt werden wir geistig der Wesen ansichtig, von denen wir vorher, während wir die geistige Gegenseite unseres Erdlebens durchlebt haben, nur die Sympathien und Antipathien wahrgenommen haben. Jetzt werden wir dieser Wesen ansichtig, jetzt leben wir unter ihnen, nachdem wir in der geistigen Welt angekommen sind. Jetzt fühlen wir nach und nach etwas wie ein innerliches Erfülltwerden mit Kraft, mit Impulsen, die von diesen geistigen Wesen ausgehen, die um uns sind.

Es wird all das, was wir vorher durchgemacht haben, dadurch realer, dass unser Selbst für uns auf geistige Art realer wird. Wir fühlen uns nach und nach im Licht oder im Schatten dieser geistigen Wesen stehend, in die wir uns einleben. Vorher haben wir irgendetwas dadurch gefühlt, dass wir durch unseren geistigen Gegenwert erlebt haben: Es ist wertvoll oder schädlich im Weltall. Jetzt fühlen wir: Da gibt es das, was wir im irdischen Leben vollführt haben in Gedanken oder in Werken, was seinen geistigen Gegenwert hat, was eingeschrieben ist in das geistige Weltall; die Wesen, denen wir gegenübertreten, können damit entweder etwas anfangen oder nicht – entweder liegt es in der Richtung ihrer Entwicklung, der Entwicklung, die sie anstreben, oder es liegt nicht in ihrer Entwicklung.

Wir fühlen uns jetzt vor die Wesen der geistigen Welt gestellt, indem wir uns sagen: Wir haben nach ihrem Sinn gehandelt, oder: Wir haben gegen ihren Sinn gehandelt. Wir haben etwas hinzugetan zu dem, was sie für die Entwicklung der Welt wollen, oder wir haben etwas weggetan von dem, was sie für die Entwicklung der Welt wollen. Wir fühlen uns nicht bloß ideell beurteilt, wir fühlen uns real abgeschätzt, und dieses Abschätzen ist selbst die Realität unseres Daseins, wenn wir da nach dem Tod in die geistige Welt hinauskommen.

Wenn wir hier als Mensch in der physischen Welt stehen und irgendetwas Schlimmes getan haben, verurteilen wir es selbst, wenn wir das Gewissen und die Vernunft dazu haben, oder es verurteilt es das Gesetz, es verurteilt es der Richter, es verurteilen es die anderen Menschen, indem sie uns verachten. Aber wir werden von diesen Urteilen nicht magerer – außer wir sind als Mensch so geartet, dass wir durch die Folgen des Urteils magerer werden. Aber wenn wir in die Welt der geistigen Wesen eintreten, dann ist nicht bloß ein ideelles Urteil da, das befindet: Wir sind wenig wert, sondern da fühlen wir den Blick der geistigen Wesen in Bezug auf eine Wertlosigkeit, eine Schädlichkeit von uns, so auf uns ruhen, wie wenn dieser Blick in unserem Dasein etwas auslöschen würde.

Für all das, was wir Wertvolles verrichtet haben, trifft uns der Blick so, dass wir dadurch erst unsere Realität als geistig-seelisches Wesen gewinnen. Unsere Realität hängt von unserer Wertigkeit ab. Es ist, wenn wir die Entwicklung aufgehalten haben, die in der geistigen Welt beabsichtigt ist, wie wenn Finsternis uns unser Dasein entziehen würde. Es ist, wenn wir etwas verrichtet haben, was im Sinne der

Entwicklung der geistigen Welt liegt und jetzt nachwirkt, wie wenn Licht uns in ein frisches geistiges Dasein rufen würde.

Wir machen all das durch, was wir beschrieben haben, wir treten in die Welt der geistigen Wesen ein. Das erhöht in der geistigen Welt unser Bewusstsein, das hält uns wach in der geistigen Welt. Und wir sagen uns durch das, was wir da als Förderung erleben: Wir haben im Weltall mit Bezug auf unsere eigene Realität etwas gewonnen.

Nehmen wir an, wir haben etwas getan, was die Entwicklung der Welt aufhält, was nur die Antipathie der geistigen Wesen, in deren Bereich wir eintreten, erregen kann. Wir fühlen, indem die Nachwirkung in der Art vor sich geht, wie wir es beschrieben haben: Da verdunkelt sich unser Bewusstsein, es tritt eine Betäubung ein, zuweilen bis zum völligen Auslöschen. Wir müssen aus diesem Zustand wieder erwachen. Und wenn wir wieder erwachen, dann fühlen wir gegenüber unserem geistigen Dasein in einer viel realeren Art noch – und hier in der physischen Welt ist das schon real genug –, dann fühlen wir so, wie wenn in unser Fleisch geschnitten würde in der physischen Welt. So fühlen wir gegenüber unserem geistigen Dasein.

Was wir in der geistigen Welt sind, das erweist sich als die Folge dessen, was wir selbst als Ursache gestiftet haben. Und wir sehen daraus, dass genügend Veranlassung für den Menschen ist, wieder zum Erddasein zurückzukehren.

Warum zurückkehren? Der Mensch hat für sich an dem, was in der geistigen Welt eingeschrieben ist, jetzt das erlebt, was er in gutem und in schlechtem Sinne im Erddasein verrichtet hat. Aber ausgleichen kann er das, was er über dieses irdische Leben bloß kennengelernt hat, nur, wenn er wieder ins Erddasein zurückkehrt.

Wenn der Mensch an den Gesichtern – es ist natürlich nur ein vergleichsweiser Ausdruck –, wenn der Mensch an den Gesichtern der geistigen Wesen wahrnimmt, was er für die Welt wert ist, bekommt er durch diese Wahrnehmung den Antrieb, wieder in die physische Welt zurückzukehren, nachdem er dazu fähig geworden sein wird, um in anderer Weise das Leben zu durchleben, als er es durchlebt hat. Nur bleiben ihm manche Unfähigkeiten, es zu durchleben, und erst nach mannigfaltigen Erdleben kann dieser Ausgleich in Wirklichkeit eintreten.

Meine lieben Freunde! Schauen wir während des irdischen Lebens in uns selbst hinein, da treffen wir auf die Erinnerungen, auf jene Erinnerungen, aus denen wir unser Seelendasein aufbauen, wenn wir uns von der äußeren Welt abschließen, jene Erinnerungen, aus denen selbst die schöpferische, die künstlerische Fantasie schafft. Das ist die erste Form der Erinnerung.

Hinter dieser Erinnerung sitzen jene mächtigen Bilder, die uns anschaulich werden, unmittelbar nachdem wir durch die Pforte des Todes getreten sind. Diese Bilder werden uns dann genommen, sie gehen in die Weiten des Weltalls hinaus. Wir können uns sagen, wenn wir auf unsere Erinnerungsvorstellungen zurückblicken: Hinter ihnen sitzt das, was sofort den Weg in die Weltweiten hinaus macht, wenn unser Leib von uns weggenommen ist. Wir halten es durch unseren Leib zusammen, was ideell Weltall werden will.

Aber während wir durch das Leben gewandelt sind, während uns von all den Erlebnissen die Erinnerungen geblieben sind, haben wir in der Welt das hinterlassen, was in der Zeitenfolge hinter den Erinnerungen ist. Wir müssen es rücklaufend wieder erleben. Das sitzt als drittes Gebilde hinter der Erinnerung.

Zunächst haben wir es mit dem Erinnerungsteppich zu tun. Dahinter ist das, was wir wie ein mächtiges Bild des Weltalls zusammengerollt haben. Dahinter sitzt das, was von uns in der Welt eingeschrieben ist. Und haben wir dieses durchlebt, so sitzen wir selbst erst dahinter, wie wir geistesnackt vor dem geistigen Weltall dastehen. Dieses zieht uns mit seinen Bekleidungsstücken an, wenn wir in dasselbe eintreten.

Wir müssen auf die Erinnerung blicken, wenn wir aus dem vergänglichen Menschenleben herauskommen wollen. Die Erinnerungen, die wir während des irdischen Lebens haben, sind vergänglich, sie zerstreuen sich in die Welt. Aber hinter diesen Erinnerungen sitzt unser Selbst, sitzt das, was uns aus der geistigen Welt gegeben wird, damit wir den Weg von der Zeit in die Ewigkeit finden können.[18]

---

18 Ich sagte schon, es werden in den nächsten Tagen den hier in Dornach anwesenden Mitgliedern der ersten Klasse die Mitteilungen zugehen, dass sie am Freitag kommen sollen zum Freitagsvortrag. Am nächsten Samstag und Sonntag wird die Fortsetzung desjenigen sein, was ich in diesen Vorträgen hier vorgebracht habe. Nun, von da ab beginnend, will ich dann am nächsten Samstag weitersprechen.

Zu dieser Ausgabe

Der vorliegenden Ausgabe liegt der Klartext zugrunde, den die Berufsstenografin Helene Finckh nach ihrem eigenen Stenogramm gefertigt hat (s. Faksimiles S. 78 und S. 125-127). Von diesen Klartextnachschriften liegt auch eine maschinengeschriebene Fassung vor, die am Ende der Einzelvorträge den Vermerk «Durchgesehen von Adolf Arenson Cannstatt» trägt. Mathilde Scholl hat von diesen Vorträgen eigene Nachschriften angefertigt (s. Faksimile S. 128), die nicht vollständig sind und die für die vorliegende Ausgabe für manche fraglichen Stellen herangezogen worden sind (s. Beispiel S. 39). Betreffs der Tafelzeichnungen s. Rudolf Steiner, *Wandtafelzeichnungen zum Vortragswerk,* Band XV, S. 31-47.

Wie in anderen Veröffentlichungen der *Rudolf Steiner Ausgaben* werden auch in der vorliegenden Ausgabe die Eigenheiten des überlieferten Textes berücksichtigt. Zwei davon seien kurz erwähnt: 1. die Tendenz, zwischen «Sie», «man», «der Mensch» dort zu schwanken, wo Rudolf Steiner in der Regel mit «wir» gesprochen hat. Ein Beispiel (Hervorhebungen durch den Herausgeber):

> «Jeder Tropfen, ob er klein oder groß ist, erscheint **uns** als eine Spiegelung des Weltenalls selber. Ob **Sie** den Regentropfen nehmen, oder ob **Sie** das ganze Erdengewässer nehmen, da sehen **Sie** an der Oberfläche ein Bild des Weltenalls. Sobald **man** nämlich ins Flüssige hineinkommt, kann **man** dieses Flüssige nicht mehr

> aus den irdischen Kräften erklären. Wenn **Sie** die unendlichen Bemühungen [...] so werden **Sie** finden, wie vergeblich diese Bemühungen sind. Aus der irdischen Anziehungskraft [...] kommen **wir** sogleich dazu, auch in der äußeren Natur einzusehen, daß **wir** zur Erklärung des Flüssigen aus dem Irdischen hinausgehen müssen. Und von da aus kommen **Sie** nun zum Erfassen dessen, wie es beim Menschen ist. [...] Jetzt sind **wir** [...]» (GA 234, 2008, S. 74-75).

2. die Schmückung durch Füllwörter wie eigentlich, gewissermaßen, nun, ja usw., die nur schwer auf Rudolf Steiner zurückzuführen sind.

Die Vorträge wurden erstmals 1926 in *Was in der Anthroposophischen Gesellschaft vorgeht. Nachrichten für deren Mitglieder* in gedruckter Form veröffentlicht. Im Rahmen der Rudolf Steiner Gesamtausgabe (GA) sind sie im Band 234 unter dem Titel: Rudolf Steiner, *Anthroposophie. Eine Zusammenfassung nach einundzwanzig Jahren* (7. Aufl. 2008) erschienen.

Alle Titel dieser Ausgabe sowie das Inhaltsverzeichnis stammen vom Redakteur. Auf der Webseite der *Rudolf Steiner Ausgaben* findet der Leser die Faksimiles aller vorhandenen Klartextnachschriften der Vorträge in ihrer Vollständigkeit.

Fachausdrücke der Geisteswissenschaft

Entwicklung von Erde und Mensch

7 planetarische Zustände der Erde:	1. Saturn-, 2. Sonnen-, 3. Monderde, 4. Erde (jetziger Planet), 5. Jupiter-, 6. Venus-, 7. Vulkanerde
7 geologische Zeiten der jetzigen Erde:	1. Polarische, 2. hyperboräische, 3. lemurische Erdenzeit 4. atlantische Erdenzeit 5. nachatlantische (die jetzige), 6., 7. Erdenzeit
7 Kulturperioden der «nachatlantischen» Zeit (je 2160 Jahre):	1. Indische, 2. persische, 3. ägypt.-chaldäische Kulturper.; 4. griech.-römische Kulturperiode (747 v.–1413 n.Chr.); 5. (unsere) Kulturper. (1413–3573 n.Chr.); 6. u. 7. Kulturper.

Das Wesen des Menschen

3 Körper-Hüllen:	1. Physischer Körper 2. Ätherischer Körper, Ätherleib, Bildekräfteleib 3. Astralischer Körper, Astralleib, Empfindungsleib
3 Seelen-Kräfte:	1. Empfindungsseele 2. Gemüts- oder Verstandesseele 3. Bewusstseinsseele
3 Geistes-Glieder:	1. Geistselbst (höheres Ich) 2. Lebensgeist 3. Geistesmensch
Aus 9 wird 7:	1. Physischer Leib, 2. Ätherleib, 3. Astralleib, 4. Ich, 5. Geistselbst, 6. Lebensgeist, 7. Geistesmensch

Dreiheit in Mensch und Welt

Geistige Wesen:	«Luzifer»	«Christus»	«Ahriman»
Evangelium:	Diabolos	Streben nach Gleichgewicht	Satanas
Geistig:	Spiritualismus		Materialismus
Seelisch:	Schwärmerei		Pedanterie
Physisch:	Entzündung		Sklerose
Moralisch:	hemmend	fördernd	hemmend

Naturelemente

Ätherwelt:	Wärmeäther	Lichtäther	Ton-/Zahlenäther	Lebensäther
Phys. Welt:	Wärme	Luft	Wasser	Erde
Unternatur:	Schwerkraft	Elektrizität	Magnetismus	Atomkraft
Naturgeister:	Salamander	Sylphen	Undinen	Gnomen

Stufen der Einweihung

1. Imagination:	Bilder sehen – in der Akasha-Chronik (Ätherwelt)
2. Inspiration:	Worte hören – in der Seelenwelt (Astralwelt)
3. Intuition:	Wesen erkennen – in der geistigen Welt (Devachan)

Rudolf Steiner (1861-1925) ergänzt die moderne Naturwissenschaft durch eine umfassende Geisteswissenschaft, die Anthroposophie, die in der heutigen Kultur eine einzigartige Herausforderung zur Überwindung des Materialismus ist, der die Menschheit in den Untergang zu führen droht.

Die Anthroposophie hat ihre Fruchtbarkeit vor allem in der Erneuerung verschiedener Lebensbereiche gezeigt: der Erziehung, der Medizin, der Kunst, der Landwirtschaft. Der Wahrheitsgehalt der Geisteswissenschaft lag Rudolf Steiner ganz besonders am Herzen, weil er in ihm den Inspirations- und Kraftquell für alle äußere Tätigkeit sah.

Von den Vorträgen Rudolf Steiners sind Klartextübertragungen und Nachschriften unterschiedlicher Qualität erhalten. Die Vorträge lagen bis vor Kurzem überwiegend in einer stark bearbeiteten Fassung vor. Die ursprünglichen Klartextübertragungen, die zu Beginn des 21. Jahrhunderts der Öffentlichkeit zugänglich gemacht worden sind, machen es möglich, dem von Rudolf Steiner gesprochenen Wort näherzukommen.